大眾心理館

唯識心理學 4

鄭石岩作品集

國家圖書館預行編目資料

精神體操：走出困境，迎向希望／鄭石岩著. --
四版. -- 臺北市：遠流, 2010. 06
面；　公分. --（大眾心理館）（鄭石岩作品集. 唯識心理學；4）

ISBN 978-957-32-6648-8（平裝）

1. 修身　2. 生活指導

192.1　　99008263

大眾心理館
鄭石岩作品集　唯識心理學 4
精神體操
走出困境，迎向希望

作者：鄭石岩
執行主編：林淑慎
發行人：王榮文
出版發行：遠流出版事業股份有限公司
100 臺北市南昌路二段 81 號 6 樓
郵撥：0189456-1
電話：2392-6899　傳真：2392-6658
法律顧問：董安丹律師
著作權顧問：蕭雄淋律師
2010 年 6 月 16 日　四版一刷
行政院新聞局局版臺業字第 1295 號
售價新台幣 240 元（缺頁或破損的書，請寄回更換）

ISBN 978-957-32-6648-8
YLib.com 遠流博識網
http://www.ylib.com
E-mail: ylib@ylib.com

精神體操

走出困境，迎向希望

鄭石岩／著

總序

我的創作歷程

鄭石岩

寫作是我生涯中的一個枝椏，隨緣長出的根芽，卻開出許多花朵，結成一串纍纍的果子。

我寫作的著眼點，是想透過理論與實務的結合，闡釋現代人生活適應之道，提倡正確的教育觀念和方法，幫助每個人心智成長。透過東西文化的融合，尋找美好人生的線索。我細心的觀察、體驗和研究，繼而流露於筆端，寫出這些作品。書中有隨緣觀察的心得，有實務經驗的發現，有理論的引用，也有對現實生活的回應。在忙碌的工作和生活中，我採取細水長流，每天做一點，積少成多。

從第一本作品出版到現在，已經寫了四十幾本書。這些書都與禪佛學、教育、親職、心靈、諮商與輔導有關。寫作題材從艱深的禪學、唯識及心靈課題，到日常生活的調適和心智成長，都保持深入淺出、人人能懂的風格。艱澀冗長的理論不易被理解，特化作活潑實用的知識，使讀者在閱讀時，容易共鳴、領會、受用。因此，這些書都有不錯的評價和讀者的喜愛。

每當演講或學術討論會後，或在機場、車站等公共場所時，總是有讀者朋友向我招呼，表達受惠於這些著作。他們告訴我「你的書陪伴我度過人生最困難的歲月」，或說「我是讀你的書長大茁壯的」。身為一個作者，最大的感動和安慰，就在這些真誠的回應上：歡喜看到這些書在國內外及中國大陸，對現代人心靈生活的提升，發揮了影響力。

多年來持續寫作的心願，是為研究、發現及傳遞現代人生活與工作適應的知識和智慧。所以當遠流規劃在【大眾心理館】裡開闢【鄭石岩作品集】，期望能更有效服務讀者的需要，並囑我寫序時，心中真有無比的喜悅。

我在三十九歲之前，從來沒有想過要筆耕寫作。除了學術論文發表之外，沒想過要從事創作。一九八三年的一場登山意外，不慎跌落山谷，脊椎嚴重受創，下半身麻痺，面臨殘障不良於行的危機。那時病假治傷，不能上班，不多久，情緒掉到谷底，憂鬱沮喪化作滿面愁容。

秀真一直非常耐心地陪伴我，聽我傾訴憂慮和不安。有一天傍晚，她以佛門同修的立場警惕我說：「先生！你學的是心理諮商，從小就修持佛法；你懂得如何助人，也常常在各地演講。現在自己碰到難題，卻用不出來。看來你能講給別人聽，自己卻不受用。」

我聽完她的警語，心中有些慚愧，也有些省悟。我默然沉思良久。我知道必須接納現實，去面對眼前的困境。當晚九時許，我對秀真說：「我已了然於心，即使未來不良於行，也要坐在輪椅上，繼續我的教育和弘化工作，活得開心，活得有意義才行。」

她好奇的問道：「那就太好了！你準備怎麼做呢？」

我堅定的回答：「我決心寫作，就從現在開始。請你為我取下參閱的書籍，準備需要的紙筆，以及一塊家裡現成的棋盤作墊板。」

當天短短的對話，卻從無助絕望的困境，看到新的意義和希望。我期許自己，把東方的禪佛學和西方的心理學結合起來，變成生活的智慧；鼓勵自己，把學過的理論和累積的實務經驗融合在一起，成為活潑實用的生活新知，分享給廣大的讀者。

邊研究邊寫作，邊修持邊療傷，健康慢慢有了轉機，能回復上班工作。歷經兩年的煎熬，傷勢大部分康復，寫作卻成為業餘的愛好。從一九八五年出版第一本書開始，所有著作都經秀真校對，並給予許多建議和指教。有她的支持，一起分享作品的內容，而使寫作變得更有趣。

住院治療期間，老友王榮文先生，遠流出版公司的董事長，到醫院探視。我送給他一本佛學的演講稿，本意是希望他也能學佛，沒想到過了幾天，他卻到醫院告訴我：「我要出版這本書。」

我驚訝地說：「那是佛學講義，你把講義當書來出，屆時賣不出去，你會虧本的。這樣我心不安，不行的。」

他說：「那麼就請你把它寫成大家喜歡讀的書，反正我要出版。」

就這樣允諾稿約，經過修改增補，《清心與自在》於焉出版，而且很快暢銷起來。因為那是第一本融合佛學與心理學的創作，受到好評殊多。爾後的每一本書，都針對一個現實的主題，紮根在心理、佛學和教育的學術領域，活化應用於現實生活。

禪佛學自一九八五年開始，在學術界和企業界，逐漸蔚成風氣，形成管理心理學的一部分，企業界更提倡禪式管理、禪的個人修持，都與這一系列的書籍出版有關。

後來我將關注焦點轉移到教育和親職，相關作品提醒為師為親者應注意到心理健康、學生輔導、情緒教育等，對教育界也產生廣泛的影響。教師的愛被視為是一種能力，親職技巧受到更多重視，我的書符合了大家的需要，並受到肯定，例如《覺・教導的智慧》一書就獲頒行政院新聞局金鼎獎。

在實務工作中，我發現心靈成長和勵志的知識，對每一個人都非常重要。於是我著手寫了好幾本這方面的作品，許多家長把這些書帶進家庭，促進親子間的和諧，並幫助年輕人心智成長；許多大學生和初踏進社會的新鮮人，都是這些書的讀者。許多民間團體和讀書會，也推薦閱讀這些作品。

唯識學是佛學中的心理學，我發現它是華人社會中很好的諮商心理學。不過原典艱澀難懂，於是我著手整理和解釋，融會心理學的知識，變成一套唯識心理學系列。此外，禪與諮商輔導亦有密切的關係，我把它整理為禪式諮商，兼具理論基礎和實用價值，對於現代人的憂鬱、焦慮和暴力，有良好的對治效果。目前禪與唯識，在心理諮商與輔導的應用面，不只台灣和大陸在蓬勃發展，全世界華人社會也用得普遍。每年我要在國內外，作許多場次的研習和演講，正是這個趨勢的寫照。

二十年來我在寫作上的靈感和素材源源不絕，是因為關心現代人生活的適應問題和心理健康。我從事心理諮商的研究和實務工作超過三十年，個案從兒童青少年到青壯年及老年都有；類別包括心理調適、生涯、婚姻諮商等，我也參與臨終諮商及安寧病房的推動工作。對於人類心靈生活的興趣，源自個人的關心；當我晤談的個案越多，對心理和心靈的調適，領會也越深。

我的生涯歷練相當豐富。年少時家境窮困，為了謀生而打工務農，當過建築工、水果販、小批發商、大批發商。經濟能力稍好，才有機會念大學。後來我當過中學老師，在大學任教多年，擔任過簡任公務員，也負責主管全國各級學校訓輔工作多年，實務上有許多的磨練。

我很感恩母親，從小鼓勵我上進，教我去做生意營生。她在我七歲時，就帶我入佛門學佛，讓我有機會接觸佛法，接近諸山長老和高僧，打下良好的佛學根柢。我也很感恩許多長輩，給我機會參與國家科技推動工作長達十餘年，從而了解社會、經濟、文化和心理特質，是個人心靈生活的關鍵因素。如果我觀察個案的眼光稍稍開闊一些，助人的技巧稍微靈活一點，都是因為這些歷練所賜。在寫作時，每一本書的視野，也變得寬博和活潑實用。

現在我已過耳順之年，但還是對於二十餘年前受重傷所發的心願，珍惜和努力不已。希望在有生之年，還有更多精神力從事這方面的研究和寫作。寫作、助人及以書度人，是我生命意義中很重要的一部分，我會法喜充滿地繼續下去。

《精神體操》

目錄

導讀

正向的生活智慧：唯識心理學的意義

唯識家指出：「萬法唯識」。識正確了，思考就清醒，生活就幸福。識被扭曲了，或者產生情染和執著時，心識活動打結，造成情緒障礙，思考決策錯誤，從而帶來痛苦，更嚴重的是生命意義的迷失。於是，唯識家採取相當嚴謹的態度，分析識的結構，了解其變化，提出「轉識成智」：把識的活動轉變成正向的生活智慧，以拓展積極的人生，共同開創社會的安寧和幸福。這樣的旨趣稱為「大乘」，唯識學是大乘思想中很重要的一部分。

《唯識論》幾乎就是心理學。它是正向的生活智慧，目的在引導一個人以積極正向的態度，去克服種種生活的困難，並以達觀的態度，去看種種的挫敗，重新看到光明的希望和對人生的領悟。

我把這套唯識論的精義，與現代心理學結合，用現代心理學的語言、思路和觀念，來活化它的意涵。期待它成為現代人心靈生活的資糧，成為歷久常新的人生明燈。除了可供一般人生活和心理調適的借鏡，也是覺悟修行上重要的用功方法。這套契合現代人思維和文化的結構性素材，我稱它叫「唯識心理學」。

唯識心理學的宗旨和重心，在發展個人正向的性格、態度、情緒和優點，並引導一個人作正向的人生覺悟（正等正覺），找出有限生命的無盡希望。

作為一個心理學的研究者，很容易就發現，心靈世界中的「識」，透過個人生活經驗，影響人的行為和心情，左右其生涯和幸福感。因此，務須在現實生活中，培育正向的態度、情緒、品格等。此外，個人心靈生活，還包括龐大的文化和集體意識，而且大部分是潛意識的範疇。我深信文化、宗教和民俗之中，所蘊藏的內容，包括儀式、風俗、節慶以及對生命的傳述，有著深遠的影響。如果這些素材沒有經過「轉識成智」的過程，變成現代生活場景中正向的態度、正向的情緒和自我效能，人就可能迷失，產生負面的干擾。唯識心理學在這個層次上，扮演著正向的角色。

人生是否過得幸福、有意義、覺得法喜充滿，決定於你是否具備正向情緒、正向性格和正向的德行或品格。打造這些正向心理特質的關鍵，就是轉識成智，就是從唯識心理學出發。

生命是一個不斷調適、成長和圓融的過程。因此，生命是艱辛的，也是絢爛的。它既要面對許多困窘和挑戰，也能在調適轉變的同時，看到柳綠花明的新天地。生命須用愛來沃壯，才能發展雄渾的活力，又要以智慧開啟創意和新猷，這樣才有希望和前景，才能顯現意義和價值。

唯識心理學就是用「悲智雙運」，並透過轉識成智來創造生活和豐富生命，並覺悟到究竟第一義諦。

多年來我從事心理輔導和諮商的研究，結合西方的心理學和東方的心學，用來協助人們發展潛能，並協助適應困難的人找回幸福。現在，我把多年累積的知識和經驗，融合唯識論和心理學的學理，建構唯識心理學，它的主要意涵包括：

- 對生命奠定正向的觀念和領悟的基礎。
- 陳述應變的智慧和生活調適的方法。
- 提出生涯發展和心理健康的綱領。
- 揭示精神成長的方向、方法和究竟義。
- 提供唯識心理輔導和諮商的學理。
- 釐清學佛的正確觀念和行持要領。

我們正面對二十一世紀的衝擊，不只是金融風暴或環境劇變在影響生活，此後社會變遷將更快速，經濟生活和生產方式變化更迭更是驚人。可以預見，生活緊張、競爭激烈，加上失業的壓力，導致許多人產生無力感和無助，以致憂鬱、沮喪和焦慮的人口增加。

資訊時代的虛擬文化，也造成眼高手低、挫折容忍力不足的世代，容易挫敗灰心，甚至鋌而走險，為非作歹，這將會是社會不安和紊亂之源。唯識心理學提出正向的行動建議，幫助每個人找回正面的生活態度，奠定幸福人生的基石。

科技越發達，生活水準提高，對於安身立命和生命意義的追尋，理應受到更多的重視，所以生命教育已然成為各國關切的問題。唯識心理學對此亦作了正向的討論，並關心生命終極意義的實現。

此外，佛教的信仰和修持，必須配合現代生活的需要，當信仰和生活相融，不致造成疏離或衝突，才能做到解與行相應。唯識心理學提供了科學和清晰的解釋，讓修持者有清楚的實踐方法。

到目前為止，唯識心理學已完成六種作品，都以唯識論中「心所法」為藍本，結合心理學理論和實務經驗，所建構出來。它們包括：

●《換個想法更好》的主軸建立在「遍行」心所上，著重生活和工作的調適，增進自我效能，以實現豐足喜悅的人生。

●《尋找著力點》的基礎是「別境」心所，具體討論生涯發展和開展成功人生的要領，並探索生命的意義與價值。

●《勝任自己》以「善法」心所為藍本，陳述正面性格，從發展健康的自尊、面對真實、學習自律三方面去發展勝任自己的特質。

●《精神體操》是從「六度」發展出來的正向德行，透過正向的品格和培養心靈的長處，克服心理困境，開展全新的精神力，以實現光明的人生。

●《過好每一天》是從「煩惱」心所轉化來的正面情緒指標，透過情緒智慧的養成，發展法喜，增進身心健康，實現亮麗的人生。

●《生命轉彎處》是透過唯識論中轉識成智的精神，把生命的歷程串聯起來，去作調適和實現，並觸及終極關懷的主題，著眼於人生的全面思考。

二十一世紀甫一開始，美國心理學家馬汀．塞利格曼（Martin E. P. Seligman）就提出「正向心理學」的觀念。他指出：「現代人迫切需要美德、生命的目的，正直及生命的意義。」長處與美德幫助我們抵擋心理疾病，解除痛苦，並帶領我們達到永久性的高峰：生命的意義和目的。

我從事唯識學的研究和心理諮商實務應用已近三十年，總覺得唯識學中的許多寶貴觀念，都甚為正向，對人生有益，所以針對其實用性加以整理。希望這套書能給廣大讀者，帶來美好的生活智慧。

自序

發展正向的心力

這是一個資訊的時代，也是價值觀念多元的時代，我們創造了富裕，卻也出現了更多令人頭暈目眩的行頭。我們生活在富裕之中，卻也跌落在空虛、孤立和沮喪的生活情境之中。

全世界都在快速的變遷，任何國家或民族的傳統，都因為資訊的快速傳播，而被顛覆、捨棄和遺忘。於是，一個資訊豐富的人，同時也是文化傳統上顯得茫然無根的人。這是現代人精神生活困擾和情緒焦慮的主要原因。

我們看到青少年犯罪增加，結構性的犯罪伎倆時有所聞，成年社會中盲目追逐享受和權益的人，正瘋狂地爭奪，彼此傾軋。這就是現在普遍的社會性格。我們的教育正面臨前所未有的挑戰，社會上道德倫理逐漸式微，心理調適有困難的人與日俱增。最明顯的就是憂鬱、失落和對生命意義的迷失。

面對科技高度發達的二十一世紀，我們應該生活得更富裕、更幸福才對。但據我所知，神情不悅、滿心憂慮的人卻隨處可見。該是我們重視精神生活的時候了，如果此刻不做一些努力，將來受苦將會更多。

幾年前我曾在演講中呼籲，建議大家每天做個精神體操，好提升自己心靈生活的水準。當時建議的內容是：

● 一早起來做個積極性的祈禱。
● 作三十分鐘的運動，以增進活力，緩解焦慮和緊張。
● 讀一篇或數頁勵志的文章，力圖振作精神生活。

後來有許多朋友建議我，希望能為精神體操寫一本具體可以實踐的專書。經思索再三，認為這件事很有價值，於是就個人的專業經驗，朝人人可以實踐的方向動手寫來。這本書的目的，在於增進讀者適應現代生活的能力；對於想提升精神生活者，提供可行性高的建議。書中涵蓋許多實務經驗和研究發現，具有實用性和力行性。

這幾年我努力將《唯識論》解釋出來，並與西方心理學作結合。本書所謂的精神體操，就是從《唯識論》中擷取其精華，用六波羅蜜作為理論架構，融入實務經驗，形成易讀、受用的生活知識。

六波羅蜜的法門，是佛教各宗的核心課程。就唯識論而言，六波羅蜜是精神資糧的基礎，是修行步驟的核心，也是精神成長的主要方法。波羅蜜在佛學上的解釋是：從煩惱和無明的此岸，到智慧、覺醒的彼岸。它的內涵是布施、持戒、忍辱、精進、禪定和智慧。本書根據它的涵義，融合心理學的理論和實務經驗，發展成六篇：

- 從付出做起（布施）
- 自我控制（持戒）
- 培養耐力（忍辱）
- 力圖振作（精進）
- 定的修煉（禪定）
- 彈性的思維（智慧）

這六個精神成長的因素，提供現代人全新的生活態度，而將它發展成六項精神體操。我相信只要努去學習和修煉，就能使生活品質提高，孕育出積極振作的人生，從而親嘗幸福和悅樂的生活。

第一個精神體操是付出的重要。人因為付出，才會感受到豐富的自我價值；因為助人與合作，自我功能才逐漸開展。人願意為家人付出，才有幸福的家，家庭功能隨之提高，子女的成長也因之受益。人願意對朋友和社會付出，才建立人際支持的溫馨，以及自我肯定的價值。更重要的是付出帶來身心健康，帶來精神生活的成長。

第二個精神體操是自我控制。自我控制建立在自律上；自律的人才有心靈的自由，不會被紛擾的資訊沖昏頭，才能在多元的價值觀念中，把握正確的人生方向。自律者不會失控、不會迷失，也不容易陷入憂鬱的痛苦。在佛教的經典上，戒是護法神，是崎嶇的人生路上穩固的護欄，自我控制使一個人有機會發展真正的自己。

第三個精神體操是培養耐力。你能忍耐和堅持，才能實現抱負；有能忍和寬容的胸襟，才有冷靜的自在感。它是內在的強大能量，能蘊藏心力，孕育智慧，衍生為勤奮和積極。忍耐雖是痛苦的，但卻能超越失望，絕處逢生。

第四個精神體操是力圖振作。美好的人生，建立在力圖振作的行動上；悅樂的感受，則源自積極行動後，內在充實的感受。力圖振作是一種主動的責任和實踐，它不但有益健康，而且能發展成堅毅力和後續力，讓人在困窘中，有力量再站起來。它使弱者強，敗者勝，是雄渾健康的精神力。

第五個精神體操是定的修煉。生活在忙碌、競爭的現代社會，每個人都容易感染緊張和焦慮。它會傷害健康，干擾睡眠，甚至令人不適，從而影響工作和生活。心情不安不但會影響判斷和抉擇，更會削弱執行力而導致生活與工作的潰敗。定的修煉是健康與事業成敗的關鍵。

第六個體操是彈性思維。要適應多變的e世代生活，必須具備彈性思考的能力。它是一種智能的活動，有清楚的覺察，能看出環境的變遷、潮流的更迭，乃至問題的趨勢與癥結。彈性表示在面對現實時，能作適當的回應。無論在學習、生活態度或宗教信仰，我們都需要這種智能。

以上六種精神體操，一方面借用唯識心理學的結構性理念，一方面融入心理諮商的理論和實務經驗。各歸納出五至六個關鍵性主題，詳加分析，並提出實踐步驟。相信這本書對於一般人的生活調適，具有積極的助益。

精神體操這個觀念，建立在它的實踐性和具體性上。讀這本書不只是知識的獲取，更重要的是實踐。為了使你更重視實踐的重要性，書中經常出現修煉的字眼，無非是強調練習和行動的重要性。

希望這本書能帶給讀者一些新的觀念和指引，從中找到幸福、充實和愉快的人生。

壹

布施

從付出做起

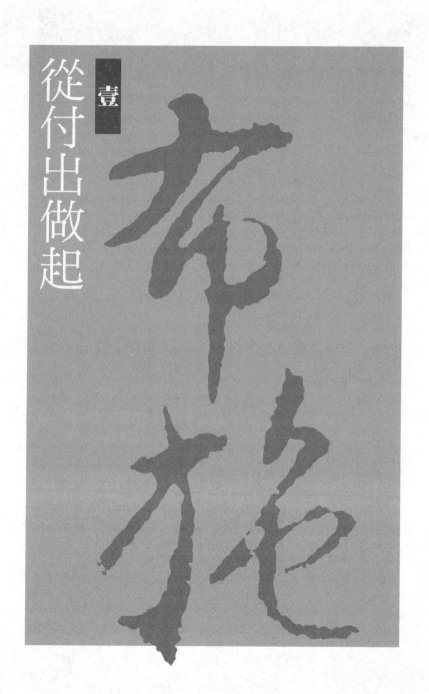

精神體操的第一個主題是付出。

付出就是唯識論中所謂的布施。人因為肯付出，才會覺得自己有價值感；願意助人，與人合作，才會結合更大的力量，克服種種災難，避免孤獨和無助。付出就是奉獻己力，給予別人協助、愛和溫暖。人在關心別人之中，自我價值感越來越豐富。付出能令你跟別人緊密地結合在一起，給你安全感、活力和喜悅，同時也帶來健康。

只有肯付出、會為他人著想、肯服務別人的人，才能克服自我中心的心理弱點，才能免除疏離和焦慮的折磨。當你為別人付出時，別人一樣付出給你，這種互助關係，令你覺得彼此密切。《唯識論》中說：

施有三種，

謂財施、無畏施、法施。

財施是付出財富；無畏施是付出勇氣、體力和生命；法施是付出智慧、愛和情感。願意投注心力，為公益而努力，為弱勢者輸財解困，為社會付出關心的人，他的自我認同會越來越完整，發展成健康的人格。

越是自私的人，心理越是不安；越肯付出的人，越能伸展自尊。健康的自尊令你發展出如下特質：

- 良好的自信。
- 主動學習和成長的動力。
- 樂觀的生活態度。
- 積極的思想和熱情。
- 有良好的人際支持和友誼。
- 能發展肯定性。
- 較能維護自己的權益。

●身心比較健康。

人與人之間根本上是共命鳥的關係，是生命共同體，是休戚與共的存在。因此，只有發展互助、互愛和互利，才會有和平和安寧，社會才有祥和。人心的不安源於自私，社會的不安來自敵意；想打垮對方的結果，自己也搖搖欲墜。孩子如果在互助的家庭中長大，他們人際適應較好，有較多生活歷練，信心和心智發展比較成熟。當然，你能付出愛心，帶動家人共同的生活熱情，家庭和幸福感自然產生，家庭中各成員的生活、工作和健康也就有了保證，所以在家庭中學習如何付出，是很重要的課題。

在儒家傳統心學中，不難發現修身和齊家，是未來服務社會的基礎，而修身和齊家卻建立在仁愛的智慧上，也可稱做仁智雙修。在基督教的經典中也會發現，立身處世的重心是在博愛和求知上。佛家的說法也離不開這個課題，所提出來的重點是慈悲和智慧，簡稱為悲智雙運。從不同的聖典中，我們發現付出或給予，不是盲目的付出，而是在給予之中，同時表現了智慧和清醒的覺察。

我們的付出真的對社會有益嗎？對所愛的人有益嗎？在付出的過程中，怎麼做才正確？才不致造成不良的後果呢？無論是對個人的協助、社會公義的行動，乃至國家發展的大事，都必須付出，而其本質是建立在愛與智慧上。

於是，精神體操要從付出這個主題說起。因為它能給你健康和快樂，讓你享有充實的人生，更重要的是透過付出，你學會更多本事，伸展了自尊和自我價值，使自己的人生過得更幸福。在付出這一篇裡，我特別提出五個最常遭遇到的問題加以討論：

- 對家人付出健康的情緒。
- 一起共進晚餐。
- 懂得籌措時間。
- 共享人際支持。
- 助人有益身心。

你想要有好的精神，以面對人生，工作順利稱心，從而孕育美好的未來，就得從家庭做起。你必須對家人付出健康的情緒。你是家庭的主人，那就得學會經營家庭的情緒生活；先別想家人應該怎麼對待你，而是想著怎麼付出好的

EQ給家人。你是主人，要率先倡導健康的情緒；家庭內有無盡的瑣事，卻埋藏著大風大浪，如果你不修習家庭EQ，保證會發生許多不快和紛擾。反之，只要你能把握要領，作點修持，家庭就會和樂愉快。

你當然也有可能是為人子女者，沒有主導權，而且家庭成員之間，已經存在某些不愉快的現實。你還是要付出，同時要練習保持情緒的穩定。

每一個人都有個家，你得把家庭氣氛經營好，肯付出情緒EQ，家庭才可能提供給你真正的喜悅。家庭的氣氛不是天賜的，而是經營得來的。對家人付出健康的情緒一文，提出了具體可行的建議。

其次是一起共進晚餐，忙碌的現代人，亟需有個溫馨的晚餐。它能增進家庭功能，促進彼此的交流，更能透過交談而擴大家人的見聞；這不僅對孩子有益，對大人同樣有益。然而，怎麼去經營好的晚餐呢？用點心思吧！一起共進晚餐一文，提供你經營和付出的技巧。

其三是付出需要時間。無論對家庭的付出，或者對他人的協助與關懷，乃至努力經營事業，都必須有時間才行。你要愛家人，就得付出時間，才有真的行動。你要助人，必須有時間去做，才能實現。要把工作做好，也要有時間，才有成功的機會。

時間給人富裕之感，它同時也是生命的載具；無論為自己付出，或是為別人付出，你都得有時間才行。現代人最缺乏的是時間，懂得籌措時間，就等於掌握付出的關鍵。

其四是別忘了經營人際支持的溫暖；無論親人交往、工作伙伴，你要懂得相待之道。你能在待人方面作正確的付出，人生就會順遂。

最後，本篇提出助人有益健康的事實。許多研究證實，肯助人的人，身心都較健康，生活也樂觀幸福。

以上五個主題，旨在討論布施。布施既是為自己，同時也為別人；這種愛己愛人的付出習慣，對個人精神的成長，有著無比的好處。

1 對家人付出健康的情緒

家居情緒不是天賜的，而是要家庭成員共同經營的。經營家庭生活，不是要求對方做什麼，而是一點一滴，從每一個成員做起。

家庭往往是最疏忽情緒智慧的地方。

情緒智慧的表現，決定一個人待人處世的態度，也影響其生活品質、工作表現和生涯發展。我們時時刻刻都在運用情緒智慧，但一般人表現最差的時候是在家裡。它往往也是個人生活困擾和痛苦的根源。

我們在辦公室或職場上，還能保持一定的警覺，注意到情緒表現的分際；大抵上還能自我控制，不致縱容情緒，任其發洩。但在家裡，許多人毫無顧忌，任低潮或激怒的情緒傾洩，透過語言、表情和動作，給家人帶來不悅和心創。

為什麼許多人的家庭EQ會那麼爛呢？歸納起來有兩個原因：第一，家庭生活是人際接觸最敏感的部分，過去情緒的傷口，很容易一觸即發。第二是回到家裡，自我控制的警覺降低，容易失控而恣意發洩，造成人際衝突、傷害和不愉快的經驗。

我觀察許多怨偶、家庭失和、親子衝突等現象，發現他們的共同特質是：缺乏自制、不肯包容對方、恣意抨擊和貶抑家人。日子久了，敵意增加，彼此的溝通完全阻塞，感情和愛的交流不再，家庭生活陷入癱瘓。

家庭氣氛的關鍵就在溝通上。要提高家居生活品質，務必從溝通開始做起。家庭溝通不是談判，不是說服對方照自己的意思去做，而是透過同理和了解，去表現關懷、負責和尊重。良好的家庭溝通是一種創意和啟發，從中發展出情愛、生活興致和相互支持的力量，並延伸到對工作的創造和待人接物的態度上。溝通是家居情緒的根源，也是子女心智發展的搖籃。培養的要領是：

- 用行動、語言和態度，讓家人知道你愛他們。
- 懂得彼此欣賞對方的優點，並表示讚美。
- 創造喜悅的家庭氣氛，保持樂觀。
- 注意控制情緒，在爭辯時不抨擊或貶抑對方的自尊。
- 不做掃興的斷言。

●衝突發生時，能即刻叫停，想一想，再做處理。

家居情緒不是天賜的，而是要家庭成員共同經營的。經營家庭生活，不是要求對方做什麼，而是一點一滴，從每一個成員做起。

我知道有些家庭，被沉悶和憂鬱的氣氛所籠罩，家人彼此冷漠、賭氣，而陷入一種莫名的鬱卒之中。一位太太說：「我的家庭就像帆船駛入無風的海洋。我們沒有交談，沒有歡笑，更沒有互相支持之感。我的家庭情緒是低潮的。」一位高中女生說：「我們家人看來情緒很低落，各管各的事，交談時很容易發火，尤其是爸爸的火藥味最濃，稍不留意就有觸犯他的危險。所以我也很少說話，少惹麻煩，但我實在快悶死了。」

這樣的家庭，不但影響孩子們心智成長，直接傷害成員的健康，更會讓人情緒惡化。然而，家居的心情是可以培養的，只要你願意放下白天工作的憂心和紛擾，重拾家庭生活中的歡笑，就會有一番新的光景。

依我觀察，大部分的人所以陷入居家情緒困擾，是因不懂得用行動來控制情緒，才沉浸在沮喪和鬱卒的氣氛中，一直走不出來。人在遭遇困境時，會產生消極的情緒，覺得無力感和無奈，而拒絕與家人交談，或參與家庭的歡樂，甚至對家人的喜樂表示憤怒。這時，你要有所警覺，如果不採取行動，做點積極和建設性的事，以取代原先負面的態度和情緒，就會越陷越深，造成家庭生活的困擾。

千萬別以為家人應該給你安慰、應該考慮你的處境、應該同情你的立場。正確的態度是，我不振作起來，給家人一些歡喜，家裡怎麼會有和樂的笑聲呢？因為每一個人都有他的壓力，都要面對生活與工作的挑戰。若能警覺到這一點，家居情緒才有轉寰的餘地。

當你遭遇情緒紛擾或低潮時，別忘了把事情擺下來，做點別的，拜訪朋友或師長，跟家人聊聊天，談些不同的話題，或者做個運動，看場電影。這能幫助你轉換不同的想法，改變眼前的緊張焦慮，情緒就會舒緩下來，家居心情也就能表現得從容、有興致。

身心是交互影響的，只要你做些積極的行動，心情就跟著好起來。你想經營好的家居心情，就得採取行動。你可以透過改變心情的技巧，讓家庭情緒好起來。它的方法是：

● 多欣賞家人的優點，試著去讚美他們，笑容和歡喜的談話自然會出現。

● 別急於挑剔家人，如果有所指正，要找適合的時機作建議。

● 找件家事做，心甘情願努力做；你的心情會好起來，也會有成就感。

● 發奮學習幾道好菜，家人一起享受美食的心情，是家居生活中最甜美的一部分。

最後要提出的是，疲勞與情緒有關。採取消極態度、推卸責任和拈輕怕重的人，容易疲勞，當然也就容易發脾氣。其實，大部分的人所感受到的疲勞，都屬於假性疲勞，不是體力不支的疲勞。如果你任其無精打采下去，就會倦容滿面，甚至情緒低落。反之，若能打起精神，找個事做，或努力讀一本好書，就會振作起來。

家居的心情是可以培養的，要從交談和互助中做起。彼此的情緒是可以控制的，只要你採取積極的行動，就會有歡樂的家庭氣氛。

2 一起共進晚餐

決心經營一個美好的晚餐，是建立家人身心健康和幸福感的好處方。從溫馨的晚餐開始，可以建立夫妻的親密，培養親子的默契，給家庭注入全新的活力。

每天回家用晚餐，花點心思營造溫馨融洽氣氛，不但能舒緩心情，培養家人的感情，交談中更是啟發子女心智、學習生活準則的良好機會。

忙碌的工商社會，使得許多人以寶貴的晚餐時間換取生活的資糧，迫使許多家庭放棄一起用晚餐的喜樂。家庭功能漸漸式微的今日，全家再不一起晚餐，家庭人際疏離越來越嚴重，離婚率隨之增高，青少年問題也愈趨複雜。

每個人都需要愛的溫暖，如果連一起用晚餐的時間都被剝奪，我們還能給家人愛？給自己溫暖嗎？晚餐是家人溝通交流，彼此互相支持，最親密，也是最輕鬆的時候。它宣誓著，既安全又會心的保證，也表達了辛苦一天之後，得到豐收的喜悅。我們容或有挫折，就在用餐中，將得到撫平，得到安慰。

由於現實的因素，或許家庭成員之中，有人不能趕上晚餐，但仍無減它的價值和內涵，仍然要在歡喜溫馨中照常進行。稍後回來的人，在用餐時，乃然得到家人的關懷。大夥兒不一定陪他用餐，但至少有人陪著他，跟他交談。家人一整天下來，各奔東西，上學的上學，工作的工作，只這一刻相聚，求取溫暖、交心和幸福感，怎麼可以不重視呢？

晚餐已經成為家庭功能保衛戰的堡壘，如果再失去它，我們未免生活得太孤單、寂寞和冷清。別以為自己置身在花花世界中，不會覺得寂寞。其實，逗留在外，遲遲才回家，正是家庭功能衰落的表現。

晚餐各吃各的，回家的時間不一；進到家門打個招呼就進入自己的臥房，這個家已經變成旅館，彼此漸漸疏離，甚至連旅館都不如。關懷減少，彼此責問的機會增加，離心離德的悲劇，正逐漸在許多家庭蔓延開來。

我深信回家吃晚餐，是重振家庭幸福、帶來心理健康的最好辦法。現在有許多青少年，忙著補習，或者放學後仍在娛樂場所閒晃，嚴重的疏離感，將造成不健康的心理。

沒有晚餐的家，在心理上是冰冷的、饑餓的。它慢慢在成員心中作怪，形成疏離、無助、憂鬱或焦慮。不過，缺乏溫暖、風趣和會心交談的晚餐，或者在晚餐中批評、爭吵和衝突的家庭，其消極性後果，也不亞於前者。

所以，建議你回家吃晚飯，並決心經營一個美好的晚餐，是建立家人身心健康和幸福感的好處方。在家庭諮商中偶然發現，如果一個家庭，願意在用晚餐的時間，保持不批評、不責備，而用聆聽、欣賞、分享和讚美，就可以漸漸建立彼此的信任感，從而擴充到日常生活中的會心和良好互動。從溫馨的晚餐開始，可以建立夫妻的親密，培養親子的默契，給家庭注入全新的活力。

對於如何營造美好的晚餐，提供以下幾個著力點。

首先，要家庭成員重視晚餐，最好從結婚時就開始，讓家人一起共同準備晚飯，這能創造交談的話題，帶動合作共事的習慣。飯菜之事，無關個人成敗，交談起來比較沒有戒心，不易造成批評或摩擦，大家一起準備，容易有笑聲、有親切感。從而養成一起分擔家事的責任，並培養多種才藝的能力。

其次是維持好氣氛。家庭氣氛是家人精神能量的源泉，保持輕鬆、詼諧和幽默；不要在晚餐時間討論個人敏感的問題，而是要逗得大家歡喜才好。若能在晚餐中保持開心，對於晚間的生活、休息和睡眠，有著關鍵性的助益。因此，要避免訓誡、責問和說教。

晚餐要盡量避免外人干擾，朋友打電話來，要長話短說，甚至告訴對方，自己正在用餐，待一會兒再回話。晚餐時間最好關掉電視機，大家才能專心吃飯，輕鬆交談。有些家庭開著電視機吃晚飯，各自捧著飯碗，離開餐桌，邊吃邊看，完全失去交談的機會。晚飯之後，又各自忙著做自己的事，彼此不能交心，缺乏了解，更失去用餐的悅樂。

其三是留意交談的內容。如果你問家人：「你今天過得怎麼樣？」對方的回答很可能是：「沒什麼。」這樣交談即刻中斷。家庭交談中，最常見的狀況是，父母要求孩子說出他的遭遇或表現，父母卻成為評論者，這一來氣氛不變，甚至陷入僵局。所以，最好是父母親帶頭，說出生活中有趣的事，或社會上發生的有價值事件，例如新知、感人的社會新聞、科學的研究發現等等。這能引起討論，甚至帶給家人聯想，而說出心中的感受。

你要讓交談的事，擴大成大家可以參與和討論，從而發展思考、激發創意，或者紓解心中的情緒。餐桌上的對話和討論，一定要注意對事不對人；如果你心中有了失衡的激情，一定要嚴守規範，只可以說自己的感受，不能批評家人。告訴自己：「這是家裡餐桌上的話題，可不是嚴肅的問題討論會，放輕鬆點！放輕鬆點！」

依我的經驗，我們是把晚餐的交談，發展成「餐桌大學」。孩子年紀小時，談的是生活、故事和有趣的經驗，隨著年齡增長，發展成無所不談。說的人受到重視，意見得到分享，個中有即席插入的幽默，有延續性的發問，交談經常可以維持到盡興的程度。我們每每在杯盤狼藉的時候，有了更多宏論，我稱這種家庭交談叫「餐桌大學」，真是名副其實。

人在享用一餐豐富的晚飯後，有著充實和提振的感覺。它發揮了家庭教育，提供了精神資糧，並促進家人心智成長。這種幸福感，正面臨著式微的挑戰。我真心地呼籲大家，好好經營一個晚餐。它會給家人帶來幸福和喜樂。

3 懂得籌措時間

籌措時間讓自己寬裕地工作和生活，首要就是不虛擲光陰。猶豫不決、礙於人情有求必應和沉迷於享樂三項，是最浪費時間的惡習。

你有了時間，生活才會寬裕，心情才不致陷入緊迫。

我們常聽說要籌措資金，好經營事業，好存做養老的本錢，好提升生活的品質，或者維持必要的生計。但很少聽到有人說，要籌措時間，好實踐計畫，學習新知，培養心性，過自在豐足的生活。

有許多人在不經意中虛擲光陰、浪費生命，因為他沒有覺得自己在生活，遑論讓自己活得有意義，或者感到對生活滿意。現代人大部分的心力和時間，都花在追逐上，為了功利鑽營，為了成長和績效打拚，把生活擱到一邊，任其荒廢。家庭生活的時間被剝奪，家人的關係變得疏離，夫妻生活乾澀，親子互動減少，樂趣和歡喜的興致不翼而飛。

在忙碌的e世代社會裡，你免不了有許多瑣事，如果容易受別人牽動，盲目順從他人意思，導致時間濫用，該留給自己的時間被耗盡，應給家人的時間遭剝奪，在時間這項重要資源上，你就會感受到萬分貧困。有許多人訴苦道：

「我太忙了，連和家人相處、說話、聊天的時間都沒有；我收入頗豐，但家庭生活清貧，我是富有的窮人。」

「我的忙碌影響了夫妻的感情！」

「我和妻都忙於工作，疏於教育子女，現在我很後悔。」

「父親半年前逝世，我很內疚，因為我沒有時間陪他，連過世時我都不在，我很痛苦。」

「我忙壞了身體。」

「我忙得緊張兮兮而且焦慮不安。」

又有一些人，他們成天墮落和沮喪，不能把時間用在刀口上。他們因為消沉，而變得不能作為；因為放縱自己，沉迷於聲色之娛，而不思振作；因為懶散，而一事無成。特別是生活在資訊的時代，受到虛擬文化的影響，好高騖遠，眼高手低；滿腦子理想，卻與現實生活疏離。這些人成為生活的挫敗者，把時間用在怨嘆、憂慮和沮喪上。

時間即是生命的歷程，荒廢時間，無異是生命的荒蕪。然而，每個人的一生，時間就只有那麼多，為了避免浪費時間，我們不得不籌措時間，及時用在生活和工作上。你一定聽過「有空我想……」，事實上你根本沒有空——你坐著發愁，那是心理負擔；躺在海灘上享受陽光，那是娛樂；賴在床上發睏，那是慵懶，你什麼時候有時間去工作、去安排自己真正想做的事呢？所以你必須懂得籌措時間，尤其是e世代的人，更須精通此事，才會有寬裕的時間工作和生活，讓生命豐收。

籌措時間讓自己寬裕地工作和生活，首要就是不虛擲光陰。在一次教師進修的坐談中，我以「最浪費時間的壞習慣」為題進行討論，與會者發言極為踴躍，在互相激盪之下，列下一長串的惡習，經過大家歸納，得出以下常見浪費時間的習慣，只要你注意避免這些情況發生，就能籌得較多寶貴時間，讓生命變得富裕光彩：

- 凡事猶豫不決。
- 易被人情包圍，有求必應，答應太多不該答應的事。

- 沉迷於電視和聲光之娛而不能自拔。
- 散漫缺乏目標和計畫。
- 擔憂、發愁、憤怒和人際衝突。
- 東西放置凌亂，花太多時間找它。
- 不專心工作。
- 愛湊熱鬧。
- 不能善用好的工具以有效解決問題。
- 拖延的習慣。

在這些項目中，大家公認猶豫不決、礙於人情有求必應和沉迷於享樂三項，是最浪費時間的惡習。首先，猶豫不決的人，遇事拿捏不定，拖延時日，把精神和時間都耗費在「傷腦筋」上。他們像是陷在泥淖中的車子，在原地快速空轉，但卻沒有向前推進。

猶豫不決的人，往往不知道當務之急是什麼，於是行動總是遲緩，時間多浪費在等待和再三思考之中。他們最須注意的是，把範圍縮小，或找出要緊的事，專心以赴，才能克服這種毛病。只要你把部分的難題先解決，其他的事也會漸露曙光，令人振作。

其次是有求必應。你答應太多本來不該答應的事，浪費太多時間，影響你的正事。有些人明知時間不夠，但只要有人請求，便會答應。當你累積太多事情未解決，心理隨之慌亂，效率遽減，不但會破壞家庭生活，也會影響生涯規畫。人情的請託當然要重視，但要衡量自己是否做得到。最好在未答應前仔細思量，或者告訴他：「讓我考慮一下，然後再回覆你。」在婚姻諮商中，我發現許多人，為了服務別人而疏於子女教育；為了朋友的請託，而忘了家人正需要他的關心和支持；為了不便打斷朋友閒聊，而造成正事的延誤。我們需要感情生活，但如果經常礙於情面，就會浪費許多時間。你得學習作肯定性回應：「老友！我的時間到了！」「我想跟你多談，但時間不允許。」

你要記得，我們必須能婉拒某些不該答應的事，才能辨好正事，才能真正幫助值得幫助的朋友。

其三是沉迷於娛樂。有些人沉迷於電視，漫無目的地盯著它到深夜，既不能抽出時間進修，又不能與家人共享天倫之樂。我建議先過濾節目表，看真正想看的節目，把其餘的時間留下來做有用的事。有些家庭，天天晚上都在麻將桌上消遣，其虛擲時光，莫此為甚。

人若不懂得籌措時間，兢兢業業地用在工作、學習和成長上，就會在變遷快速的社會中被淘汰；如果不節省時間，好好充實知能，精神就會渙散不振，生活變得乏味枯燥。多籌措一點時間強壯自己的生命吧！朋友。

4 共享人際支持

成功的碩果是大家分享的，彼此的喜悅氣氛，則是共同經營出來的。建議你多欣賞周邊的人，給他們鼓勵和心理支持。

良好的人際關係，攸關你的事業、家庭及生活適應。懂得怎麼待人，就能讓別人心甘情願，一起努力做事，就能使家庭成員和氣融洽，形成親密的互動。

在工作上你要讓你的伙伴知道工作的目標，考核他的表現，鼓勵其成就，他會做得更好。你要對一起共事的人，誠心地欣賞他的傑出表現、優點和成就，他會覺得工作有價值而更起勁。在教養子女方面，你能欣賞子女，他們也就表現得傑出。

希望別人表現傑出或作出好的貢獻，就得找出他們的優點、績效和成就，對它表示由衷的肯定和欣賞。人在受到肯定、有了好的感受時，才表現出自信、主動和負責。於是，你要常替別人的感受設想；寬恕做不好的，鼓勵做得好的，並指導他怎麼改進，一旦有了成績表現，就得把功勞歸屬於他。

在企業管理或行政領導方面，如果你是主管，切忌與部屬爭功，這樣才能帶領出強而有力的團隊；如果你是部屬，請支持、欣賞主管的成效，並做他的後盾，把工作做好。成功的碩果是大家分享的，彼此的喜悅氣氛，則是共同經營出來的。所以，建議你多欣賞周邊的人，給他們鼓勵和心理支持。一位尋求改善人際關係的人，在晤談中問道：

「你是指多逢迎人家，就可以改善彼此的關係？」

「不是逢迎，而是真心的欣賞；逢迎是虛情假意，那會造成別人的戒心和不舒服，欣賞是誠心地讚賞別人的優點，這能帶給對方自尊和喜悅。你能給對方自尊，對方就會放下防衛性，從而增加彼此的友誼。」

「怎麼欣賞別人呢？」

「虛心地觀察，並發現其優點。一個行動是由許多行為的因素構成的，只要你留心觀察，必有值得你欣賞的地方。」

「怎麼稱讚？」

「說出你欣賞的特點，但不是無中生有，給對方灌迷湯。」

在企業體系裡，必要時可以採取獎勵，讓員工分紅，或者給他應有的榮譽。

如果你肯在員工身上投注心力，對積極貢獻的人適時加以讚賞，必能造就更好的績效和工作氣氛。

其次是避免惡意的批評。你可適時作善意的建議，這僅止於對事不對人；但萬不可作破壞性的批評。要避免在事發後，立即糾正犯錯的同事或家人。無論是夫妻、親子或同事，只要在犯錯之後，即刻指責，傷害性都很大。尤其是叛逆期的青少年，這種做法，很容易引起衝突和破壞親情。

除非當事人快要犯同樣的錯誤，你必須及時作出建議或指正，否則在犯錯時，通常已經知錯，無須再予指責。這樣當事人才有機會表現主動知錯的自尊。因此，給予機會作出積極的貢獻，是待人很重要的藝術。一對夫妻在晤談教養子女問題時，太太回憶說：

「週日上午，孩子打扮得整整齊齊出門，你卻責備他身上噴了香水。」

「孩子為什麼要噴香水，不男不女有什麼好，這都是你寵壞的。」

「你只管責備，就忘了欣賞他穿著整齊，值得稱讚。」

從他們的回憶對話中，漸漸找到父親和兒子衝突的爭執點：父親養成了破壞性批評的習慣，總是忘了欣賞；相對地，孩子也養成了對父親的疏遠和敵意。類似的事，在辦公室裡，也屢見不鮮。

其三，留心周邊的人正在做的事，不要專找毛病，而是看出建設性的優點，予以嘉評。工作之中，臨場的誠懇恭維，使許多人願意跟你做事。指導一批人，給他們明確的目標，預作指引和準備，在執行之中必有不錯的表現，這時應不忘給他臨場的恭維。教師的教學，尤其要表現這種技巧，你能著眼於孩子成功的表現，孩子的動機、專注和自發性，很容易被啟發出來。尤其是批改作業，如果能及時給予肯定的評語，例如在科學的作業中評語「你的觀察力很強，歸納得很有道理」、「你的實驗引起我的興趣」，或者在作文簿上評語「這篇文章感動了我」等等，都是帶動人際互動、啟發主動學習的良方。

跟別人打交道，不免也會碰到專橫霸道的人。這樣的人我們該怎麼應付呢？假如有人專橫想佔你便宜，不要逆來順受，這只會助長其氣燄，以為你好欺負。你該想想，採取必要行動，讓他知難而退，保持分際。不過，必須先確定他是個專橫的人，才能採取行動。對於偶發事故，則宜採取寬容的態度。

對待專橫找麻煩的人，最簡單的方法就是坦率地告訴對方。一位經商的朋友碰到一個專橫的客戶，不按原來約定出貨付款，經常挑剔毛病，佔點小便宜，甚至對員工發脾氣，出言威脅。他直截了當告訴他：「我很感謝你的光顧，也珍惜你這位客戶，但我無法容忍你的習慣。我不是只做你一個人的生意，你的要求會使公司報價打亂。我們已給你一個合理的價格，如果你不滿意，那就找別家做生意吧！」我的朋友坦率說出，這位客戶的態度馬上改善了許多。

我們的社會經常有人大搖大擺的插隊，令人冒火。對付這種狀況，你要息怒，保持禮貌，堅定地對他說：「先生！這個隊伍是從後面接排的。」有時，同事經常對你頤指氣使，不給人好臉色看，你可以發啟幽默感，提醒他：「老友！這樣下去，我們都會變老喔！」

在你的家人之中，也許就有個專橫的人，他可能是父母親，或是兄弟姊妹，你不妨採取恩威並濟的方式。有時你直率表達你的不滿意，看到他表現比較和氣時，則表示歡迎和欣賞，這需要耐性去折衝，而不是動不動就大動肝火。

待人的態度值得我們一起來學習，它是一門永遠學不完的藝術。你能順利處理人際問題，就等於掌握了生活贏家的匙鑰。

5 助人有益身心

助人是珍惜生命的表現，它不只是利他的，同時也是自己精神生活成長的因素。如果我們不去遂行它，生命就表現不出豐收和燦爛。

助人的行動是自我的延伸。我們因為能與別人同理，知道別人的需要和感受，所以伸出援手。只要你方便，抽時間出來助人，為旁人分點憂，會覺得充實，從而發展出強韌的生命力，自信和自尊提高，人生的價值感也好起來。

隨手給他人一點幫助，可以避免把自己蜷縮在自我中心的世界裡。助人者不再孤獨，不唯我獨尊，敞開心胸，帶給自己敏銳的觀察。喜悅的心境和驚奇的能力，無論在工作與生活上，都能增添許多創意和歡喜。我相信行善能美化人生，抽點時間助人，對身心健康有益，對性情的陶冶幫助尤大。

心理學家漢斯・塞爾伊（Hans Selye）指出，熱心幫助別人，是抵抗壓力的有效方法。透過助人，我們不但累積好的自我感覺，而且增強安度逆境的能力。人的自我功能，在助人與服務中發展得最快。

越是自私的人，應付逆境的能力越是脆弱；越是自我中心、財大氣粗的人，挫折容忍力也越差。他們的心胸，因為敵意而萎縮，身體的健康亦受危害。心理學家勞瑞・史維茲（Larry Schewitz）研究心臟病的危險因子，發現在訪談中，最常提及自己、語言中最多「我」的人，較易得冠狀動脈心臟病。他總結：「自我中心強的人，比較容易罹患心臟病。」

學習助人可以克服寂寞，緩解緊張和壓力。因為助人使人際變得友善，敵意下降，孕育與人合作的能力。你越能關注生命世界，越能建立安身立命的感受，當然身心健康也越好，在碰到違逆時，一種應付挑戰的雄渾精神自然表現出來。

台灣在一九九九年發生九二一大地震，災區的災民中不乏熱心助人的人。他們自己受了重創，甚至家裡有人傷亡，仍能伸出援手，幫助別人。災區之中，那些願意助人的人，心創復原較快；堅持為鄉民服務的人，精神亦較振作，較少沮喪和鬱卒。我曾訪問過服務鄉梓的熱心人：

「你在組合屋社區裡，仍能保持助人的熱忱，真難得！」

「大難不死，更令我珍惜生命，助人就是一種自愛和合作，也是身而為人的本份。」

「你總是抽出時間去關懷別人，有什麼感覺？」

「我不再孤單，看到笑容，自己開心，鄰人也不再無助。」

震災過後十個月，我走訪過許多地方，和人交談了解，證明願意助人的熱心人士精神比較健康。他們已經開始生活重建，也主動學習新的求職技藝。

社會學家林達・尼爾森（Linda Nilson）蒐集超過一百個重大天災資料，發現受災者之間的利他行為，是他們復原條件的一部分。她說：「在天災中，人們回到部落團結的意識，在生存的壓力下，必須重建社區，並體會到人不只為自己幸福，也希望同胞生存和快樂。」

助人是珍惜生命的表現，它不只是利他的，同時也是自己精神生活成長的因素。顯然互助行為是人類生命的現象，也是生活受挫後復元的動力。然而，助人這種寶貴習性，已被許多人遺忘了。他們想到的是自己，面對衝突時表現的是敵意；在追逐功利中，忘了要生活得好必須學會助人才行。

從心理學研究文獻中，歸納助人的價值，多得令人驚奇。主要包括如次：

● **助人令你感受到人際的溫暖和安全感。**

- 它能增強你的信心，對生命有掌控感。
- 它帶來良好的自尊和自我價值，令你高興，覺得自己活得有意義。
- 關心自己也能關心別人的人都比較健康。
- 慷慨付出的人，在別人充滿愛和感謝的眼神中，看到健康的自尊。
- 付出的行動，使個人增加適應環境的能力。

助人是一種習慣，許多人都想幫助人，但遲遲不肯跨出第一步，以致陷於孤獨和脆弱。我們要認清，情緒不穩定是一種自我功能的脆弱，寂寞無聊是由於缺乏愛心所引起，沮喪憂鬱是欠缺助人行動所造成的焦慮和心靈的蒼白。助人是生活的一部分，如果我們不去遂行它，生命就表現不出豐收和燦爛。

只要你去行動，就能養成這種莊嚴、喜樂和健康的習慣。請留意，助人的本質是無所求的，如果想藉付出來獲得回饋和達成目的，那就不是助人。有所求的助人和付出，反而給自己帶來空虛和壓力。

助人不計錢財的多寡，不論付出的是什麼，助人就是助人，只要對別人有利就去行動。有時，我們只是簡單的效勞，卻產生很大的影響力，而受助的人卻有受寵若驚之感。你也許只抽出半小時去探望一位需要安慰的人，這少許的心思，就開解了他沉重的心情。

助人不能用忙當藉口，生活之中，忙是意料中事。它的關鍵是抽出時間來，去做付出的工作；騰出自己的心思，去做助人的事，就是這麼簡單。

有些人瞎忙，是把時間和精神用在憂煩上；有些人真忙，卻很容易得到他的協助。每個人都可以選擇愛人的積極生活，問題是你是否抽出時間，開始行動。

貳

自我控制

持戒

【貳．自我控制】

人要能自我控制，才有自由意志去成就想完成的事，才能避免失控所導致的痛苦和煩惱。所以自我控制是精神體操的第二個修煉。

佛陀早就看出這個課題。他明白指出，如果一個人不能控制自己的意念、感情和情緒，不能節制自己的行為，就會迷失和失控。失控是一種失敗，也是精神墮落的開始。因此，在佛的教誡中把它列為首要：戒定慧三學，以戒為首，因為戒是護法，是保證你不會陷入錯亂和墮落的欄杆。在六波羅蜜中，持戒是繼布施之後，排名第二的修煉課題。

自我控制好的人，表示他能自律，並維持良好的習慣。就生活適應而言，好習慣越多越好，壞習慣越少越有利。個人的身心健康，取決於自我控制；生活作息脫序，飲食無度，當然對身心健康有害。人際關係是否和諧，亦受自我控制影響，那些情緒失控、見利忘義的人，在人際互動上終歸要身敗名裂。至於生涯的發展和事業的經營，更需要自律，因為經營管理的本身，就是一套控制系統。我們可以了解，佛陀在即將圓寂之前，弟子問他：

「將來我們要以誰為師？」佛陀說：

「以戒為師。」

戒就是紀律，就是自我控制。透過這個系統，建立自律，維持健康和清醒的思考，就能不斷發展智慧，開展幸福的人生。自我控制有幾個要領：

- 要有虔誠的宗教信仰；由於堅定的信仰和意志，人能夠維持起碼的自律。
- 透過環境的安排，可以讓引誘減到最小，而保持應有的好習慣。
- 自我控制是一套有效的行為紀律，這些紀律必須有益於身心的發展。
- 自我控制或自律，必須透過自我獎賞的方式，才能養成牢固的習慣，從而長期受用。
- 自我控制最忌諱的事是：貪圖眼前一時的享受和快感，毀掉應該遵守的紀律。

自我控制是要一點一滴逐漸建立起來，而不是用一時的勇氣或誓言，就能形成自律，發揮其功能。要培養一個好習慣或改掉一個壞習慣，需要較長一段時間來陶冶，平均要花上三個星期，才能完全建立起來。因此，要想享有自我控制帶來的成功和幸福，著實需要一番努力才行。

就《唯識論》的說法，戒可以分成三類：

戒有三種，

謂律儀戒、攝善法戒、饒益有情戒。

律儀戒是指各種防非止惡的紀律，避免被壞習慣牽著鼻子走，防範不當的引誘和享樂等等。防非止惡的紀律，可以防止人墮入困境，造成災禍和困擾。攝善法戒是培養有益、能促進智慧發展、帶來幸福的紀律或習慣。饒益有情戒是開展利樂有情的能力和習慣。這三類紀律，都是生活所不能缺的。

我們為了要應對生活的需要，設法解決困難，必須有一套有效的工具，這些工具都要在神經系統中，化作一套套作業程式，形成自我控制的習慣。其實，自我功能的強弱，端視自我控制是否健全。

在這一篇裡，審慎地提出幾個關鍵性的自律課題。這幾個自控機制，影響精神生活最深：

- 有自律才有自由。
- 及時換個心情。
- 切忌僵持下去。
- 克服懶惰的習慣。
- 戒除你的惡習。

自我控制的紀律，真是無止無盡；人必須因著社會變遷、工作的更換、生活的情境，隨時視需要增加新的自我控制和自律。不過，從心理諮商經驗中，我們發現以上五個方面是很根本的課題。它幾乎是一般人想要過好的日子就必須努力以赴的精神體操。

首先，自律是自由的保證。自律的人思考清楚，不容易被誤導和引誘。他們不做不該做的事，而有更多的精力致力於該做的事。

人最起碼的自律包括：

- 能延緩報償，先苦後樂；能將生命中的快樂、負擔和痛苦重加安排，完成該完成的事後，再享受其中的悅樂。
- 肯負起責任，面對應有的承擔；他們對於怎麼努力都無法挽回的事，會放下它，對於該承擔的責任，則勇於負責。
- 自律者懂得保持平衡；他們不會走極端，不讓自己變成工作狂，更不會失去理智，造成觀念的偏狹。
- 保持情緒的穩定，堅毅度高；他們知道用行動和生活調適，來培養健康的情緒。

其次，人的情緒直接影響思考、判斷和行動。當你的態度變得消極，情緒隨著低沉時，你要有警覺，做些許調適，這是控制自己不再沉淪的必要行動。你必須「及時換個心情」，讓自己調整過來。調整的方法，請詳讀內文並練習。

其三是切忌僵持下去。僵持是抗拒了解真相，抬高對別人敵意的心境；它是衝突的溫床，也是人生的瘟神。它可以使理性萎縮，創意受到壓抑；它足以毀損婚姻，破壞人際和諧，還能埋葬人的事業和前途。切忌僵持下去一文，在幫助你喚醒理智，面對紛擾而不亂。

其四是克服懶惰。它是推拖延宕，擱置該做的事，造成生活失敗的惡習。偷懶的人會像吃了迷幻藥一樣，失去對現實的反應能力。它不但教你坐失良機，還會令你的知識經驗不能與時俱增，造成能力低落。懶是病，拖延是惡習，改掉它吧！換成勤奮的習慣，才能帶來成功和幸福。

最後是仔細檢討自己的惡習，設法戒除它。戒除惡習，要先建立新的好習慣。培養自我控制，最重要的關鍵就在於革除惡習與建立好習慣並行，建立新習慣能幫助我們捨去壞習慣。能掌控這些要領，便有著全新的人生。

好好修煉自我控制的能力，它會帶給你光彩豐富的人生。

1 有自律才有自由

自律就是要你行動，去做你認為該做、但不想做的事；學你認為該學、但懶得去學的東西，這就產生動力，帶給你新的活力。

自律的人才有自由意志去實現有意義、有價值的人生。

成功的人都懂得自律，生活品質好的人自律習慣亦佳。自律一旦養成習慣，就可以為你帶來無盡的好處。透過自律，我們能擺脫惰性，養成勤奮；能克服脆弱，養成堅毅。自律能維持心理平衡，促進主動學習；自律就是去做你該做，但還不習慣做的事。

兩千五百年前，佛陀要圓寂前，弟子們恭敬地問他：「你離開人間之後，我們要以誰為師？」佛陀簡明地回答：「以戒為師。」戒律究竟是什麼呢？以現在心理學的觀點來看，就是一套能令人振作、健康、清醒和明白事理的紀律。從諮商經驗中，我發現自律強的人比較健康，在生活與工作上，表現也傑出。

人要想成就一件事，不是一蹴可及的。它需要堅持、不斷的努力。人都有好逸惡勞的傾向，許多人在學習和工作中，承受不了挫折和辛苦，就會半途而廢。這時，他需要自律，堅持把工作做好。心理學家斑哲明•布魯姆（Benjamin Bloom）曾經調查過在美國拿過第一或世界第一的運動員、藝術家、科學家和文學家等等，發現他們從開始努力到功成名就，平均用了十七年的時間。這些人都因為有很好的自律習慣，才會有所成就。

不做不該做的事，是成功人生所必須的自律。然而，大部分性格脆弱者，都缺乏這項自律。他們知道酗酒鬧事不對，卻一而再的明知故犯；明知游手好閒會誤了前途，卻不斷延宕難改。人的生活由一連串決定構成，每一個決定都有排他效應；你選擇一個工作目標，就得否定其他目標，維持朝向既定目標的心力就是自律。做任何事，都要付出代價；你想得到成功，就必須付出犧牲部分享樂的代價，這也需要自律。

一位年輕人，由母親陪同來晤談，他已經把母親的積蓄全部花光。現在，又要求母親舉債，為他支付開一家咖啡店的籌備費。

「他開過幾次店，都沒有好好經營。」母親說。

「我就是坐不住，所以才雇人來看店嘛！」年輕人說。

「你一天到晚在外頭跑，生意當然做不好。」母親說。

「開店就是要雇人幫忙，否則開店做什麼？」

在他們的對話中，我完全了解這位年輕人的毛病——不知自律。我告訴他：「年輕朋友！你到底想要開一家成功的商店，還是成為游手好閒的老闆？如果是後者，你根本用不著開店，因為不久就會重蹈覆轍。」

自律代表一個人能延緩報償，能將生活中的快樂、負擔和痛苦重加安排。人必須先苦後樂，先付出代價，再享受成功的喜樂。你願意運動、節制飲食和控制生活作息，就能帶來健康，令你精神振作，做事專心。你想得到成功，就得先付出努力，把享樂延到工作做完後為之。然而人也不能是工作狂，只工作不休息，而是正確把握「先付出代價，再享受報償」的原則。學校裡，許多功課一落千丈的學生，大多是先享受眼前的快樂，例如打電玩、看電視或者群聚一起聊天。他們忘了該做的功課要先做。

自律的人總能維持平衡。他們工作累了，能讓自己暫時休息，恢復精神；他們用錢懂得節制，不致入不敷出；感情生活上也比較能自我控制。自律差的人生活容易失控，自我功能亦較差，維持生活平衡的能力也不足。反之，一個自律強、自我控制良好的人，心智發展和生活適應能力亦佳。自律是個人上進的動力，也是維持正常生活的規範。我曾訪問過多位成績頂尖的中學生：

「你喜歡玩電玩、看電視嗎？」

「當然喜歡。」

「學校功課多，你怎麼調整功課與遊樂？」

「當然要以功課為重，否則就完蛋了。」

這些孩子已經領會到自律的重要。他們懂得安排優先順序，形成良好的自律。然而，這種自律的習慣，在輟學孩子身上是看不到的。不少成年人不能對家庭、婚姻和工作負起責任，從其失敗的人生和性格特質，就可以看到自律的薄弱和自律廢弛的現象。

自律強的人，情緒穩定，堅毅效度高，面對工作挫折時所表現的堅韌力，最令人激賞。堅毅的人懂得用行動帶動思想，以行動穩住情緒，他們每天運動，培養體力和積極的態度，其自律行為使其信心和堅毅度比別人高。有些人在交際上有很好的自律，他們懂得激勵人心，表現積極態度，保持風趣和幽默，締造特有的領導風格或潛能。

心理學家大衛・柏恩斯（David D. Burns）說，人想要具備好心情，讓自己積極振作：「最重要的不是動機，而是行動，你必須從行動開始。倘若你等到心情好才去做，那你就可能永遠等下去。」自律就是要你行動，去做你認為該做、但不想做的事；學你認為該學、但懶得去學的東西，這就能產生動力，帶給你新的活力。

自律是一種寶貴的EQ（情緒智慧），它能使弱者強，使挫敗者重振，使自尊低落者茁壯。自律本身就是一種習慣，如果你能實際去行動，這種高貴的習慣會帶給你成功的人生。

2 及時換個心情

人總會遇上心情不好的時候，這時，千萬不要任其無奈地陷入惡劣的情緒之中，而要設法自拔，改變你的心情。

當你心情紊亂、陷入非理性狀況時，要懂得及時變換心情，這是重要的精神修煉。

每個人都有不稱心的時候，如果你老往壞處想，心情就越來越低落；往好處想，心情就會轉好。思想灰黯悲觀，認為自己運途多舛，別人總是給自己找麻煩，事事不如願，就會氣急敗壞，做出憤怒、失常的反應。反之，若保持樂觀，在現實生活中看出溫馨、希望，懂得給自己鼓勵打氣，信心和好心情就漸漸出現。

有一次，一位年輕人來晤談。他說：「我天天心情沉重，怕工作做不好，把事情弄糟，更在意同事對我的評論。我只要看到老闆臉色不對，就想到自己是不是做錯了什麼。我期待自己表現出色，但總是達不到而失望。」交談之中，我了解到。原來他是公司的主管，有高的學歷，也有不錯的業績和表現。為什麼會陷入壞心情的窠臼之中呢？

我知道有些人習慣往壞處想，生活與工作中的事，無論是順是逆，都往消極面思考。悲觀思想的人，即使中了彩券，也不會高興，因為他想的是會不會被搶或被偷，他擔心放在銀行是否安全等等。這位年輕主管也有這種壞習慣。於是，我決定指引他學習心情轉換的技巧。

我給了他紙和筆，請他回想最近令他憂心的事，結果他竟然列出十幾則，包括「我很在意別人的批評」、「拒絕朋友請求之後覺得內疚」、「為能否勝任現職而惶恐」、「堅持自己的意見之後會自責」等等。我們一則一則討論，發現理性的部分很堅強清楚，但在感情方面則表現出追求十全十美，過於重視情面，甚至在肯定性和自尊方面表現不足。這很容易使他遇事做太多悲觀的聯想，為自己假想太多災禍。我說：

「你耗盡精力在消極的聯想上，當然覺得情緒低落，壓力很大。你假想太多過錯，衍生諸多困擾。」

「我該怎麼克服這些困擾？」

「每天拿一張紙，把消極的念頭寫出來。攤在陽光下，看看它是真的或是假想出來的憂慮。」

「然後怎麼辦？」

「如果它是心理不安而聯想出來的，那就批駁它，告訴自己那並非真實，可以用筆擯除。如果是真實的，那就認清它，哪些是現在可以改變的？哪些是目前無能為力的？對於無能為力或既成現實的項目，想它也沒用，那就放下它；然後對真正可以著力的事，全力以赴。這時，你再檢視一下手上這份清單，令你擔憂的事已經不多，而且可以專心去面對它。」

當你覺得心情紛煩、許多不愉快的事接踵而來時，不妨依循這個處方，一一列出，然後逐項檢討，就會發現有許多消極性的文字摻雜其中，例如「老同學們都已高陞，但我僅僅是一個秘書」、「一年到頭忙個不停，只賺那麼一點點錢」等等。這時，要把消極的字眼「僅僅」或「只是一個」刪除。然後在每一項後面加上「不過」，接著寫出你能想出的積極性內容，例如「不過學習機會很好」、「不過我結識了許多傑出的人」、「不過我很受賞識」等等。其要訣是，只要把消極的文字刪除，加上積極面向的一句話，心情就會振作起來。

有時我們會碰到尷尬的事，想起來就覺得難堪，也會有內疚的往事，想到它就有揮之不去的自責。這些都是往事，無從補救，必須堅決告訴自己：「把這事擱到一邊，別再去想它！」當然，要及時叫停，不再想它，並不是容易的事。不過，只要能配合行動，去做點別的事，例如讀書、運動、找人聊天、逛街購物等等，都能達到扭轉心情的效果。

生活有苦有樂、有逆有順，如果你著眼於消極面，就會心情沉重。一位朋友忙著趕工，是為了一個星期之後，能實現赴國外旅行的計畫。他總是眉開眼笑，精神振作地說：「我正忙得起勁，只要想到能出國休假旅行，就樂以忘憂，喜上眉梢。」他接著說：

「我的朋友也參加國外旅行，卻變得沉重不愉快，他抱怨出國旅遊造成龐大工作必須在星期五完成，精神緊張，壓力太大，以致情緒失控，常鬧脾氣。你知道嗎？過去我也常犯這種毛病，後來我從你的書裡，學到一種巧妙的方法：努力承擔現在的工作，把心情放在想像美麗的未來，會有意想不到的豐收。」

人總會遇上心情不好的時候，這時，千萬不要任其無奈地陷入惡劣的情緒之中，而要設法自拔，改變心情。處事樂觀，能進步振作，憂愁則會陷入困境。改變心情的步驟，可歸納為：

● 列出你心煩憂慮的事，一條一條的寫下來。
● 檢討它，批駁那些消極的想法，刪除努力也沒有用的事項，你會減少大半的壓力和憂慮。
● 改變你的想法，從積極面去看、去實踐，就會有好的心境。

多蒐集自己成功的記憶，回想別人對你的稱讚；想些積極的事，費心規劃，逐步實踐，都會覺得踏實喜悅。人的想法、行動和心情是交互影響的，你怎麼想就怎麼感覺；當然你怎麼行動，也就有怎麼樣的心情。要改變心情，全靠你怎麼選擇。

3 切忌僵持下去

僵持的情緒，衍生出敵意、嫌惡、排斥別人的態度，很容易挑起對立，使彼此陷入非理性的爭執，產生更多誤解。

僵持之中，只要加一點刺激，就可以造成瘋狂的行動，切忌！切忌！

人有理性的思維，也有感性的情緒。經過理性的考慮，決定該做的事，所採取的堅持就是毅力；不經思考，任由敵意的情緒發飆，不考慮是非對錯，因防衛的態度導致爭執不休，那就叫僵持。

從人際互動的研究中發現，僵持是一種抗拒別人、拒絕了解真相的衝動；堅持自己的意見，想以聲色俱厲的方式，壓倒對方。這種非理性的處世方式，往往造成人我間的嚴重衝突，損害友誼，破壞自己的心情，喪失事業發展的機會，或者危及婚姻幸福。僵持是一種負面的情緒，當這種敵意洪流淹沒你的理性時，小的衝突或不如意，可以演變成不可收拾的大禍；一點小爭議可以氾濫成血濺五步的災難。我的觀察是：

● 僵持和敵意可以毀掉人際關係，造成孤立和憤世嫉俗；如果要做個不受歡迎或剛愎自用的人，就這麼做吧！

● 它可以使人的理性萎縮，創意受到壓抑；如果你想讓自己不明事理、斷毀前程，你就這麼幹！

● 它可以破壞婚姻，毀損親子關係；如果你不怕家門不幸，那就這麼做，不久就會有個冰冷沒生機的家。

● 凡事跟人僵持，就會產生憤怒和不愉快；如果你要過不快樂的生活，每天這麼做，就會實現。

僵持的情緒，衍生出敵意、嫌惡、排斥別人的態度，很容易挑起對立，使彼此陷入非理性的爭執，產生更多誤解。人所以與人結怨，為小小事情弄得反目成仇，無論青少年的結怨尋仇，還是成人世界裡的明爭暗鬥，大部分來自僵持的非理性情緒。越是情緒性的僵持，越是失去理性；越是自我中心強的人，似乎越偏好這種危害甚大的伎倆，其自尊也越不健康。

改掉僵持、敵意和對抗的習慣吧！如果你肯改成明白事理的態度，再做必要的堅持，會發現生活比較愜意、輕鬆，諸事順遂。

有許多人問起：「我願意努力以赴，改變自己，但當碰到愛爭辯、喜歡批評挑剔、凡事爭到底的僵持者，我該怎麼應付他呢？」這種人可以說是麻煩人物，如果你採取不予理會的方式，他會把它解釋成冷戰和賭氣；倘若你和他爭辯，彼此就可能鬧得不可開交。

這是一個技術性的問題，必須審慎處理，才能得到解決。對付這種人，關鍵在於你能否設身處地去了解他。如果你能支持他說得有理的部分，他的自尊和自信心會恢復一部分，而顯得比較安定和講理。以下是一對夫妻的對話。

「孩子生活習慣散漫，你這個做媽媽的人，是怎麼教的！」太太知道先生是一位僵持性很強的人，如果跟他爭辯，就會起衝突，鬧得一屋子人都不愉快。她明智地回應說：

「你說的不錯，我也有同感。」

「是嗎？我想我也是有責任的。」先生有些錯愕的回答。

「我正請教專家，怎麼面對青少年的邋遢？」

「你請教了誰？」先生轉變成理性的問話。

這是一個關鍵，太太能同理先生，做了心理支持，而又懂得面對真實，不彼此推卸責任、陷入激怒的爭辯，是這對夫妻沒有陷入溝通陷阱的主要原因。

常發脾氣的人，總是堅持著引發脾氣的爭點，如果你執著其中，與他對抗，一起僵持下去，就會陷入溝通危機。夫妻相處如此，親子互動如此，同事之間也一樣。

有時你會碰到嘮叨的人，他批評你、挑剔你，說個不停。一位上班族說：「我的父親總是嘮叨不停，有事稍晚些回家，他嘮叨；朋友來家裡，多聊一會兒，他嘮叨；我教育子女的方法，他也嘮叨。請問，我該怎麼辦？」我告訴他：

「不要抨擊反抗他，也不是不理會他。」

「那我還能怎麼辦？」

「你要從他的角度，去看嘮叨的事實。嘮叨來自愛你們，他不放心；來自他感覺未受到重視，有失落感。」

「我總不能樣樣順著他呀？」

「不是依順他，而是肯定他的人；不是照他的話做，而是重視他的意見。只要你誠懇地說『你說得對』，然後對他說的有道理的部分，加以肯定，麻煩就會減少很多。」

我們很容易對嘮叨的人全盤否定，用這種態度，往往使對方自尊受損。如果你讓對方挽回一些自尊，只要你承認他所說有道理的部分，他就不會那麼僵持，而願意聽聽你的分析和解釋。

在辦公室裡，你不免會碰上僵持情緒的主管，他們對你挑剔，甚至囉嗦，還會把他對你的不滿，講給同事聽，也會把對同事的抱怨，對你發洩。只要稍稍不如他的意，就會露出嫌惡的表情。這時，你怎麼辦呢？承認他說對的部分，讓他的自尊穩住。然後，你就有機會和他說一些道理，讓他接受你的新觀念。至於他愛傳閒話，你不妨唯唯諾諾，讓他發發牢騷。

你想改變這種僵化的人嗎？你越想否定他、改變他，情況似乎更壞。你想離開他嗎？工作上，有機會你當然可以另謀他就。但如果是家庭，夫妻、親子是很難離得開的，因為你有責任；有維護它、促進它成長茁壯、維持幸福和健康的責任。於是，你除了不當一位僵持性格的人之外，也要有一套應付這類麻煩人物的技巧。你要有耐性、同理和支持別人的習慣。最後要提醒你：給別人一點自尊，常有出人意表的功效。

4 克服懶惰的習慣

延宕成性的人不在少數，幾乎大半以上的學生，拖延該交的讀書報告，在職場上能拖則拖的人，亦隨處可見，這些人都因為積習過深，而成為失敗者。

推拖延宕會擱置該做的事，累積該解決的問題，漸漸形成望而卻步的難題，給自己帶來壓力，或事業上的失敗。有時，拖延生活中的小事，遲遲沒有去做，會帶來自責和愧疚。拖延就是懶惰，是一種惡習，它像沙漠中的流沙，讓旅者停滯，逐漸下沉，然後滅頂。

拖延成性，不但會耗損時間和精力，帶來情緒不安，更嚴重的是導致散漫、消極和沮喪。在學的學生，如果養成拖延，則明日的功課未預習，學習的效果不彰；當天所學未複習，習得的東西在二十四小時內，便遺忘了八成。不肯及時採取行動，是學生成績低落的主要原因；低落的信心又帶來不安和嫌惡，功課一落千丈，逃避學習，厭倦上學，乃至中輟，這些都從推拖延宕成性而來。

有些經營事業的人，缺乏勤奮，做事延宕偷懶，或儘做些無關緊要的事，或混水摸魚，生意就會一蹶不振。延宕成性的人不在少數，幾乎大半以上的學生，拖延該交的讀書報告，在職場上能拖則拖的人，亦隨處可見，這些人都因為積習過深，而成為失敗者。

偷懶的人會一蹶不振的原因有三：其一是他的知識與經驗不能與時俱增，解決問題的能力漸失，而被現實的競爭淘汰。其二是缺乏動力，坐失良機，從而步上衰落之路。其三是性格上的頹廢，任其無力振作。推拖延宕是一個複雜的心理問題，不是你想克服它就能克服的。依諮商的經驗得知，拖延不前的人，總是在原地踏步。他們即使斬釘截鐵，發誓要及時行動，還是很容易回到延宕的惡習之中。甚至因此而自責，更加深了賭博、酗酒和沉迷於色情或聲光之娛的活動，逃避愧疚感。一位中年男子，在妻子陪同之下前來晤談。他說：

「我是該振作起來，去面對我該做的事。我答應過太太要面對現實，好好做事業；但事隔不久，卻又故態復萌，拖延工作，去做些無關緊要的事。」

「做無關緊要的事？」我重述他的用語。

「對的，我去享受聲光之娛，或者去小賭一番。然後工作又被擱置下來，我們的客戶抱怨連連。」

「拖延工作之後，你怎麼解決？」

「我太太把責任擔當下來，我對不起她！也常常自責。」

從個案晤談中，我引導他回顧和覺察，審視自己心中的想法和感受，找出為什麼一再拖延的線索：

- 對客戶和工作缺乏自信：「我對於跟人討價還價，感到困難。」
- 缺乏耐性和不安的情緒：「我沒有耐心面對這些工作，感到厭煩。」
- 空想著能多找一位幫手來送貨：「但不划算，目前由我太太和一位送貨工人擔負起這些責任。」

我陪著他一起審視延宕偷懶的心理動機，寫下上面三個要點，拿給他看。他注視良久，點了點頭說：「這確實是我的問題，但我從未如此看清它。」於是，我們進入第二個階段：如何克服這些心理障礙。就這一點我為他提出的建議是：

第一，認清所有工作都有困難。工作的本質就是面對困難，設法去解決它。要跟客戶討價還價，是做成一筆買賣的必要過程，你可以先想好幾個策略來面對客戶，避免一時不知如何應付。就這一點，他舉出許多例子，有經驗的太太在旁邊，逐一為他想出如何對付的策略。由於太太是談判高手，於是他們決定：「碰到難題時，由太太出面處理。」

第二是推動自己勉強去做。要等到有心情再做，就沒有事情可以做得成。「耐下性子，把工作做完，每天給自己一點鼓勵，比如說享受可口的晚餐，夫妻貼心地相互讚美。」對於令人厭煩的工作，只要咬著牙去做，就能發現個中的成就感。「每天算一算賺了多少錢，會令你有耐性去賺更多的錢。」

第三不做不可能的夢想。「既然缺乏財力加雇工人，那就不去想它。」該做的事是面對現實，努力勤奮，而不是推拖偷懶。「生活就是面對現實，我們是在現實的回應中得到滿足和價值感。」

這對夫妻用了一個小時晤談，找出先生延宕偷懶的原因，以及如何克服之道。在他們離開前，我建議這位先生：「你一旦有了延宕偷懶的念頭，不妨列出它的優缺點，現在就試試看，等你列出來，就會有全新的省發。」他依我之請，列出偷懶不工作的好處：

●暫時逃避得到輕鬆。
●可以和朋友聊天、小賭、玩樂。
●不必面對困難和辛苦。

接著他又列出偷懶延宕的不良後果：

●事業受創，會經營不下去。
●太太不高興，家庭氣氛不好。
●顧客會抱怨。
●會造成心理不安和自責。

「對照兩者，現在你會選擇偷懶呢？還是工作？」他說：「我選擇勉強去工作，我以前會游手好閒，是疏於仔細思想。俗語說：『要會想』，今天我真的會想了。」他說著，把桌子上兩張寫得滿滿的紙拿在手裡：「我要把這兩張紙帶回家當座右銘。」

我目送他們離開，發現他們的腰桿是挺直的，向我揮手致意時，眼神和臉龐泛著堅毅和希望，似乎在表達「我不再推拖延宕，更不再偷懶」。

5 戒除你的惡習

戒除惡習必須建立新的習慣，以達到替代的效果。首先要有周詳的計畫，其次是避開誘惑，其三是誠心執行你的戒除惡習計畫。

每個人的生活效能，取決於他的既有習慣。好的習慣大於壞的習慣，生活調適力強；壞的習慣大於好的習慣，適應能力就弱。

每個人都有自己的思考習慣、情緒習慣、工作習慣、作息習慣等等。有些習慣，對解決問題有益，能促進身心健康，有些則否。那些有礙健康、影響生活效能、甚至導致失敗的習慣，我稱它叫惡習。惡習必須戒除，如果不戒除它，將對自己的人生帶來困擾和災難。

有不少人知道抽菸有礙健康，決心戒菸，一連幾個星期抗拒種種誘惑，看來菸已經戒掉了，但冷不防又抽起菸來，究竟是什麼原因導致舊習復發呢？另一方面，有人想要戒除貪玩的習慣，好讓自己專心用功讀書，但是朋友一打電話來，拗不過勸說和誘惑，又跟著一起廝混。依我看來，戒除惡習失敗的主要原因是：

● 動機不夠強，缺乏具體的行動計畫。
● 無法克服誘惑和戒除惡習初期的癮頭。
● 由於情緒困擾，而使戒除一段時間的舊習復發。

許多人想革除惡習，有人想戒酒，有人想戒暴飲暴食，也有人想戒除錯誤的交談和人際習慣。當然，最難的包括戒檳榔、戒菸和戒毒。戒除惡習，有一半的人在初期時就忍受不了癮頭的壓力，而造成失敗的結果。但也有五成的人，是在斷癮一段時間後又重染舊習，觀察其主要原因，是生活的挫折導致情緒的低落，或者心理壓力及焦慮的煎熬而造成。

惡習對人有害，為什麼我們會染上它呢？惡習往往能帶給人一時的愉快，讓人先嚐一下甜頭，但卻要付出很大的代價。它真是飲酖止渴，一時得到感官的舒適，卻嚴重傷害健康或正常的生活效能，這種壞習慣，具有強烈的引誘性，所以當一個人覺得不快樂時，就會對它的引誘投懷送抱，陷入它的凌虐。

於是，戒除惡習的要領，除了對它說不、拒絕它的引誘之外，更重要的是培養愉快的生活態度，進而依據實際需要，建立一種新的習慣。換句話說，戒除惡習必須建立新的習慣，以達到替代的效果。

要捨去某些習慣，就得建立新的習慣，否則戒除惡習不容易成功。一位作家在創作小說時，手不離酒，日子久了就養成牢不可破的習慣。他的夫人為他調配一種自然的飲料，幫助他戒除酒癮的茶毒。戒除惡習，是一件大工程，必須作審慎的準備，像對付猛獸一樣，絲毫不能馬虎，茲提供要領如次。

首先要有周詳的計畫。當你決心革除惡習時，要先準備癮頭來襲時，你怎麼應付。它像大浪一樣向你直撲過來，你會覺得心裡癢癢地想去點一根菸，想去斟一杯酒，或者嚼一粒檳榔……。這種癮頭必然來襲，如果你心中早有準備，只要轉移你的心向，去做個運動，找本好書來讀，聽一首愉快的曲子，三到五分鐘之後，自然會過去。

你該準備的事很多，包括：

- 建立一個新的習慣來代替舊習。
- 安排環境，把可能引發癮頭的刺激移開。
- 消除緊張，讓生活正常，使情緒得以安定。

一位大學生找我晤談時，顯得非常焦慮，他說他的功課負擔很重，總有做不完或怕趕不上的焦慮，以致生活作息亂了秩序。他說：

「我似乎整天在緊張，心頭一直繫念著功課，放不下心來。現在連睡覺時，也無法安心入睡。」

「把你的功課統統攤在桌子上，看看一共有多少，設定好所需練習的時間，專心去對付它，就不會覺得擔心緊張。其餘預留供睡眠、運動、吃飯和聊天的時間，就能放心去做。建立時間預算的習慣，就不會亂了方寸。含糊籠統沒有計畫，是導致不安莫名的主要原因。」

他學習訂定計畫，按步就班地執行：在做功課時全心工作，睡眠之前則告訴自己：「今天該做的已做，放心的睡吧！」循著計畫執行，漸漸擺脫原來的舊習——就寢前還想著功課，而引發莫名的焦慮。他後來告訴我：「當一種莫名的焦慮大浪要來時，我已能清楚地告訴自己：『睡吧！今天該做的已做。』然後就能安撫自己入於平靜。」

其次是避開誘惑。如果你想戒酒，那麼就把酒收起來；如果你想戒除賭博，那就得避開賭友；想革除聲色之娛，就得遠離同好朋友。一對夫妻一起來晤談：

「我先生幾次下決心不再留連聲色，也發過重誓，但是一段時間後，總是故態復萌。」從交談中，發現其主要原因在於未能遠離誘惑。究其原委，在於先生離開原先所交的朋友之後，會覺得孤單和寂寞，如果遇到工作或生活上有了壓力，就會情不自禁地找老朋友，從而舊習復發。我建議他們，一起建立新的友誼系統，例如加入社區或宗教團體的社會活動，交一些新的朋友，自然能擺脫舊習，重新發展積極性的社交活動。

其三是誠心執行你的戒除惡習計畫。人很容易在引誘出現時，給自己藉口而重操舊習，例如「人生何必這麼嚴肅」、「一切隨緣」等等。戒酒的人最怕「我還是買一瓶放在家裡，萬一朋友來好招待他們」；分手的情婦，有可能因為「打個電話問好」又再度陳倉暗渡。我認為確實執行計畫的要領包括：

- 抱定目標不放鬆、不妥協、不氣餒。
- 尋求家人和親友協助，公開自己革除惡習的計畫。
- 注意保持情緒的穩定，生活與工作力求正常。
- 萬一有了錯失，不可一錯再錯。

●給自己獎勵，每一個階段性成功，就能引起自豪和親友的肯定。

每個人都有壞習慣，只是多寡不同而已；有些人的壞習慣對其生活、工作和健康有著嚴重的威脅，我們稱它為惡習。戒除惡習是通往幸福之路。要做好這件事，最重要的是不氣餒、不妥協，才會成功。

叁

忍辱

培養耐力

你能忍耐和堅持下去，才能飽嘗希望的美味和自在感；這是精神體操的第三個要義。

忍耐不是盲目的委屈下去，也不是非創意的等待。它是在清醒的思考和踏實的行動之中，用耐心去克服困難，清除人生道上荒蕪的雜草和荊棘，讓我們順利地通往人生的目標。

忍耐和堅持，讓我們更用心去面對困難，持續尋求解決問題的方法。在辛勤疲累之中，知道堅持；在困境危難之際，知道耐心理性的應對；在挫敗絕望之中，懂得另闢蹊徑，走出光明之路。

忍是一種強大的心力，它形成包容，孕育智慧，衍生成勤奮和積極。忍耐雖是痛苦的，但卻能超越失望，絕處逢生。生長在富裕的社會裡，由於缺乏辛苦的歷練，往往缺乏忍耐力。因此，現代的青少年，挫折容忍力普遍較弱，而且已經普及化，形成新的社會性格。

人越缺乏耐性，越失去主動爭取成功的機會；越是不能容忍，就不能結合更多有利條件，去完成事業。當然，缺乏耐力和堅毅，也會導致情緒低落，發展成憂鬱的情緒。這幾年來，憂鬱症的人逐年增加，他們的行為特質中，明顯可以看到缺乏堅持工作下去的毅力。

越是缺乏耐力和堅持，潛能中的許多心力，得不到應有的開展。當一個人把這些潛能壓抑下去時，整個生活的態度變得消極，甚至失去意義和價值，無助和沮喪就會襲上心頭。

在唯識論中討論到忍的地方很多，尤其在唯識五位裡，可以明顯地看到從資糧位到修習位，都必須重視忍的修持。忍的內容包括：

忍有三種，

謂耐怨害忍、安受苦忍、諦察法忍。

耐怨害忍是指忍耐別人的譏諷、抨擊、輕視、佔便宜、侮辱等等，忍得住才有施展抱負的機會，可以不受干擾，心情才會安定。安受苦忍是忍受痛苦，承擔責任的壓力，和努力修行、學習種種能力的辛勞。至於諦察法忍，是指能以超越的態度，看出色相世界的無常，對於種種痛苦、不幸和煩惱，能以色即是空的態度去諦察觀想，從而能放下自在，得大開悟，又稱為無生法忍。

從唯識學的觀點，看人生的種種順逆變化、得失是非，都只是本體世界的幻影，是無常不定。我們的生命有生有死，任何事物都是生、住、異、滅，所以人生好像是一趟旅行；是精神世界的「真我」，披上一個智慧型的人體外衣，走上人生旅途一遊。你必須努力維持旅遊，但也要明白旅遊之後，終歸要回到精神世界。人的權勢、名利，種種得失，一點也帶不走，都好像是一個投影。你能如是諦察這個色相世界的本質，就能提得起，也能放得下。這就能不執著，放心自在的生活，沒有障礙，也沒有消極，倒是面對生活的真實，變得充實起來。深深領會：

這個幻軀能幾日，
隨緣這麼度此生。

於是發展出達觀、自在和化度有情的菩薩精神。

在生活歷程中，忍提供了理性思考的機會，呈現一個開闊揮灑的空間。透過忍，我們才有心靈生活的視野，才能發展更好的精神生活。我們因為忍，才能淬煉自己，讓心靈與神性、佛性結合，經由忍耐和努力，菩薩的行持才會成就。所謂自性迷即是眾生，自性覺即是佛，在眾生與佛之間，最大的差別在忍。生不能忍，所以貪、瞋、癡、慢、疑、邪見通通出現；佛能無生忍，故慈悲喜捨，能濟度眾生之苦。

從實際晤談經驗中，我深深體會，忍可以被解釋為成長的機會。人的自我功能，因忍而得到學習和成長；情緒、情感和意志力，因忍而得到平衡和力量。然而，如何把忍運用在生活上，謹提出以下五個建議：

● 當你絕望時，要發忍耐之心，告訴自己還有別的路可走。

- 遇到挫折，情緒低落時，要記得心情可以急轉彎；只要作點改變，就能堅持下去。
- 學習釋懷，要讓往日的難堪或心中的嫉妒，得到冰釋，你才有好的精神力面對現實生活。
- 身處變局中，你的情緒要做調適安撫，才能保持樂觀，面對真實和重建信心。
- 工作和生活要保持心甘情願，你需要勤奮，也需要適當的歇息。

這幾個要點，是促發個人的耐力、努力活下去的關鍵性因素。在「還有別的路可走」一文中，提醒絕望的人，千萬不要尋短。並提出怎麼透過觀想，來轉移尋短的念頭，並提出自我反省的步驟，建立新的生機。最近幾年來，自殺的人口逐漸增加，大家要共同注意這個現象，對周邊的人，提供一些協助。

其次是「心情急轉彎」、「學習釋懷之道」和「應變的心力」三篇文章，討論的方向都側重在心情的調理。提醒大家，如何採取行動、改變心情，從而有耐力去解決所面對的困難。天無絕人之路，人所以自暴自棄，是因為情緒低落，才導致絕望的放棄。這裡提供了許多具體的方法，只要稍加練習，就能增進你的忍耐力。

其三是勤奮與歇息。生活在忙碌的社會裡，工作和吃苦是不能倖免的。如果你不心甘情願，經常陷於抱怨和嫉妒的情緒，就會使工作壓力變本加厲，把自己壓垮。所以，你要採取積極的態度，面對工作，或者心平氣和與主管溝通，爭取適當工作量。至於歇息，則是恢復活力和創意的必要途徑，但你要懂得作有效安排。在內文中，都作了詳細的說明。

忍耐不是盲目的強忍，而是透過心理調適，培養全新的態度、創意和耐力，去克服工作壓力和解決眼前所面對的困局。於是，忍耐是另一個重要的精神修煉，本書把它列為精神體操的第三部分，是很自然的事。

1 還有別的路可走

所有生命中的喜樂，都在生活的小事之中，而不是名利場上的風潮表現。用創意去看問題，此路不通，換個想法必有新解。

人生道上真是四通八達，此路不通，必有別的路可走。

當一個人執著在失落的消極面，不知變換思考以適應眼前的困局時，生活的動能被壓抑下來，快樂盡失，而覺得憂愁、沮喪和無助。他頓時感到無路可走，生無足惜，而選擇自殺做為解脫的方法。這種現象大都與憂鬱情緒有關，它的特質是失去生活與工作的動力。

生活在忙碌緊張的環境，社會變遷快速，挫折多而適應困難，人際溫暖又相對減少，如果不幸加上天災、人禍或事故，憂鬱這種想法就會襲擊人。憂鬱表示一個人看不出希望，打起精神克服困難的意願低落，引發倦怠疲勞，從而失去目標和價值感。

尤其是現代人，普遍以功利價值來衡量人生，缺乏性靈生活的宗教情操，當生活發生大挫折，面臨長期的壓抑，得不到成功或無法挽回頹勢時，就會沮喪起來。甚至在社會上已有相當成就的人，也會因為突破無望，而有無奈的挫折感，陷入想不通而尋短的狀況。

另一方面，醫學上的研究指出：憂鬱是由於腦內化學物質不平衡所致。當一個人常覺得悲哀、無望、焦慮、暴躁，對於運動、嗜好以及人際交往變得興趣缺缺時，應該先去看醫生，接受檢查。這一類的憂鬱，經由醫生提供藥物治療，是可以緩解治癒的。

有憂鬱傾向的人，當感覺自己無路可走而想尋短時，一定要喚醒自己：「我還有別的路可以走，不妨換個跑道，再創有價值的人生。」既然要自殺，何不學學「大死一番，再活現成」。珍惜生活中值得歡喜的事。要記得，所有生命中的喜樂，都在生活的小事之中，而不是名利場上的風潮表現。

當一個人想要自殺時，應先想想自殺的後果。精神科護理專家雷尼．魯斯洛（Renee T. Lucero）奉勸要自殺的人先想想以下這些後果：

● **自殺常常不成功，還會留下後遺症，如行動不便、身體的創傷，令自己一**

輩子後悔不已。當自殺的原因消除後，你個人卻要忍受傷殘度日的現實。

- 想像一下自殺後的場景：血肉糞便一團，慘不忍睹，生命被自己踐踏，既不莊嚴又令人作嘔。你要留下這些醜陋給家人嗎？還有，那張措詞充滿歉意和思念的遺書，留給家人的是無限哀傷和痛苦。
- 自殺會產生模仿，你希望家人、族人或身邊的人，在碰到困難或失意時，採取自殺來解決問題嗎？你願意作這種示範嗎？
- 請再想想舉槍自盡的血肉橫飛，跳水自殺的腐腫，上吊的僵屍，是誰去認屍收拾呢？你的父母？妻子？還是子女呢？他們情何以堪。憑什麼你要留給他們這些悲痛，和永遠磨滅不掉的創傷。

想過這些問題，再想想其實還有別的路可以走。人世間沒有絕路，打個電話給親戚、朋友或生命線，找個心理諮商專家談談，你會得到情緒紓解，看出下一個際遇就是新的希望。據我所知，要想開啟生命的視野，重振生機，就得先領受生命世界的大愛。你需要愛和智慧，既要領受，也要施予，它需要人際溫暖和支持。孤獨一個人很寂寞，因此要參加社團的活動，重溫社團的情誼，從中得到良好的精神力量。

在這裡要提醒想自殺的人，打起精神，做個現實的思考，依照以下的問題自我詢問：

- 我真正的難題是什麼？想要的是什麼？把它列出來，逐一做檢討。質問自己，這些都是生活中真正需要的東西嗎？沒有它，真的不行嗎？做個澄清和整理，把不必要的割捨，留下真正需要的，其實真正需要的並不很多。
- 反問自己，現在在做些什麼？這樣做能實現、滿足自己的需要嗎？自殺是實現它的方法嗎？然後提醒自己，我來人間走一趟，是為了心靈的成長，要從生活的挑戰中，增進永生的智慧，而不是來自暴自棄的。
- 再想想！該怎麼做才符合自己現實的需要？無須與別人比較，而是做自己能做的事，幹自己該幹的活。每個人注定要回答自己的人生，而不是回答別人的詢問和批評。
- 用創意去看問題，此路不通，換個想法必有新解。要重複對自己說：「我要活下去！要證明我並不脆弱！」

我們來人生走一趟，是來擁抱生命，珍惜生命，從中創造意義和價值。請記得，此路不通，還有別的路可走。千萬不要被憂鬱的黑雲遮掩了視線。生活難免遇到難題，別喪氣，繞個彎，從別處看去，人生還是美妙足惜。

2 心情急轉彎

當你碰到情緒低潮時，要積極採取行動，如果你裝著開心，跟別人交談，你的神經傳導物質也會變化，而令你的情緒好起來。

改變一下心情，容忍力就大大提高。

情緒低落是可以控制的；只要你提起精神，在念頭上做個調整，裝出快樂的表情，笑容可掬地與人打招呼，主動與人攀談，裝著有興致、關懷別人、幽默風趣的樣子。不一會兒，就會歡喜起來，你已從抑鬱之中走了出來。

有幾天，我感冒頭暈，心情低落，四肢倦怠。更糟的是秀真遠在高雄上班，更覺寂寞孤單。我知道孤單和小病加起來，會使心情變壞，免疫系統功能就會下降，可能惹出麻煩來。於是告訴自己：「如果不採取行動改變目前的心境，情緒會持續低落，感冒也會釀成大害。」於是，我採取自助行動，下定決心非把情緒帶起來不可。

次日，我起了個大早，抖擻精神出去登山，一路上碰到人就抬高嗓子，和他們打招呼，裝成心情很好、興致很高的樣子。不時停下來，以親切的口吻和登山客聊聊；讚美他的勤奮，欣賞其神采，交換一下登山的樂趣。我盡力裝著和藹可親、心情愉快，也喚來別人的笑容、交心和親切。我來到高崗，在一塊大石頭上坐下來歇歇，覺得心情輕鬆，身心暢快起來。

回到家裡，沖個熱水澡，邊沖水邊哼著多年前陪孩子唱的兒歌，心境改變了許多，感冒的症狀也隨之減輕。更有趣的是，幾天來盤旋在腦海裡一直寫不出來的稿子，也有了新的眉目，真是換了全新的心境。

情緒低落是每個人都有的經驗，無論什麼原因，都應從改變情緒著手。心理學的研究指出：除非你先改變情緒，否則很難打開心繭與僵局。當情緒低落時，如果你等著把情緒低落的原因消滅，心情自動開朗起來，無異坐以待斃。因為造成情緒低落的原因，大部分都非一時能解決的。

於是，當你碰到情緒低潮時，要積極採取行動，透過積極性的行動和作為，帶動愉快的情緒。心理學家保羅・艾克曼（Paul Ekman）研究發現：受試者如果假裝害怕，身體的反應就像真的害怕一樣；他們的心跳加快，皮膚溫度降低。受試者若假裝憤怒，心跳和皮膚溫度上升。當然，如果你裝著開心，跟別人交談，你的神經傳導物質也會變化，而令你的情緒好起來。

你一定有過這種經驗：當孩子傷心、淚眼汪汪地哭泣時，你過去逗他笑，起先他勉強笑了，不一會兒，便真的開心起來。我們既然可用這種方式逗孩子笑，當然也可以用來逗自己，讓自己從不開心的情緒中跳脫出來。

我在心理諮商時，用來幫助人解開抑鬱情緒的方法，大抵是從這個原理出發的。我經常建議來訪者：

- 帶著友善和笑容，與別人高興地打招呼，會有出人意表的效果。因為別人會回饋給你開心的情緒，從而引發雙重效果：其一是你裝出快樂而刺激自己的身心反應出愉快；其二是別人的友善和喜樂，會增進你愉快的感覺。
- 高聲朗誦勵志的文章或傳記，這能為你帶來好的情緒。我年輕時替父親當義警，每當巡邏行經墳場時，心裡往往非常害怕。後來，長輩建議我，害怕時大聲背誦「正氣歌」就會沒有事。每當遇到毛骨悚然的害怕情境時，我總是大聲朗誦它，果然見效，心情安定而有安全感。
- 如果你陷入緊張、不安和焦慮的情緒，不妨做一些耗氧運動，如慢跑、球類或快走。你也可以採取鬆弛技術，從腳趾到頭頂，從內臟到腦漿，由下而上逐漸放鬆；讓每一塊肌肉都鬆弛，每一個器官都放鬆，很快就能帶給你輕鬆愉悅之感。

● 捧腹大笑一番，能令你愉快起來。看一場滑稽電影，聽一段幽默的相聲，玩一場好笑的遊戲，都可以使心情變得愉快。一位心臟科醫生總是笑呵呵逗著病人笑，我問他為什麼會笑得那麼開心，他說：「逗著人發笑，對人對己都有好處，尤其對心臟有益。」

● 注意儀容，別再邋遢。試著打起精神，修飾一下外表，優美的儀態和穿著能增強信心。反之，萎靡不振、穿著隨便，容易把自己暗示成無精打采。

情緒是可以調整改變的，你不妨試試看，妙用神奇。生活在忙碌、競爭、追求成長的社會，難免遇上不順心或壓力過大的時候。你要認清壓力和不順利，不一定會帶來情緒低潮；你的情緒是否變壞，全賴你是否陷入悲觀。不過，心理學已經找到方法，即便你跌入抑鬱的情緒，也可以再跳出來，只要你裝著一副好心情去待人接物，快樂的生活自然水到渠成。

3 學習釋懷之道

人只要把什麼事都聯想到自己身上，就必然耿耿於懷，甚至覺得焦慮萬分。你該學會對日常瑣事一笑置之，才能保留精力，處理嚴肅的挑戰。

在這紛擾的世態中，釋懷能給你帶來心安、達觀的活力。

曾否在憶起往日難堪事時覺得耿耿於懷？想起受別人屈辱時惱怒之情猶在？你會對過去的不快覺得介意而不能釋懷嗎？如果會，你就是介意自己的人。當經過的世事越多，記憶中難以釋懷的事越多，就會生活在高度壓力之中。

凡事介意、放不開的人，心中積壓許多不快往事。不必工作，就有足夠的壓力，把自己壓得透不過氣來。這樣的人在現實生活中，不容易從失意中復原，遇事消極而缺乏面對挑戰的勇氣。

我們發現越是自我價值低的人，越容易凡事耿耿於懷；自尊健康、成功經驗多、懂得自我解嘲的人，比較開朗。心理學家詹姆斯•林奇（James J. Lynch）從語言溝通的研究中發現，越是介意自己，越是防衛，在社交中越是刻意與人保持距離，就更緊張焦慮。這樣的人時時保持戒心，處處設防，血壓總是較高的。

社會地位會影響一個人介意自己的意識。與社會地位高的人講話，會比較不能釋懷、比較緊張。許多人在家中量血壓，總比醫生替他量的低。是否他們把醫生的權威和地位看得太高，把自己看得低，而使自己耿耿於懷，才產生這種現象呢？林奇請來四十位醫科學生，由研究人員為他們量血壓。一組研究員穿藍色牛仔褲，自稱是研究生，另一組則穿白袍，自稱是醫生。結果「醫生」量的血壓較高。他推論說：「這點具有深遠的意義。收入較低的人，患高血壓的危險性較高，是否至少有一部原因，是由於他們的社會地位？他們是否經常要感受到『對上說話』的壓力，才使血壓上升呢？」這樣的解釋，原則上是可以肯定的。

人與人之間的互動關係中，如果太介意自己，就會對人際環境過於敏感，經常做出過度的反應。凡事耿耿於懷，不只是惦記過去受奚落難堪的憂愁，在現實生活中，同樣表現出緊張和焦慮。於是心理學家提出幾個建議：

- 別太在意自己，要以輕鬆平等的心態與人交往相處。
- 站在平等的地位與人交談，最好是交替輪流的說話，自己要多聽。

●碰到難堪的事，懂得幽默和自我解嘲，這能令你外於窘境。

美國幽默研究協會的主持人勞倫斯・敏茲（Lawrence Mintz）指出，沒有一個人不在意自己。他說自己是個普通人，自我中心，有各種虛榮心，對自己滿意，也很快樂，但也有太在意自己的傾向：「每回我要上課前，總要對著那面鏡子梳理一下；我在鏡子下面，寫著一行字『別太在意這個人』。」

我們在突破自我的局限時，才能看清自己是世界的一份子，而不是凡事以自己為中心。人只要把什麼事都聯想到自己身上，在意它的變化，假想別人的批評，就必然耿耿於懷，甚至覺得焦慮萬分。你該學會生活之道：對日常瑣事一笑置之，才能保留精力，處理嚴肅的挑戰。

沒有一個人是完美的，也沒有一件事是圓滿的。在日常生活中為了求進步，獲得更好的工作結果，我們對人與事做了檢討和批評。但這個追求進步的處方卻帶來副作用，造成人際間的抨擊，導致嚴重的自我防衛和介意自己。破除這種困境的方法是：

● 不必強求自己完美；我們當然會努力去做，若贏不了，那就一笑置之。懂得拿失敗和失意來開玩笑，反而使自己輕鬆，而易於轉敗為勝。

● 當你老羞成怒時，別忘了用幽默來解嘲；越是難堪的事，也越有幽默發笑的效果。

● 別以為別人都很在意你，其實，在意的是你自己，別人早就忘光了。

過度關心自己的人，會形成封閉的自我，成為蜷縮的心理症狀；恢宏之氣盡失，謀事的精進不再，而沮喪和憂鬱像夜幕四閤般圍攏過來，這就有了困擾。曾經有一位小姐來晤談，她的職業令人羨慕，收入亦佳，但總覺得不自在。她沒有參加過社團，沒有知心的朋友，缺乏突破孤獨的勇氣。晤談中她說：

「我總覺得我笨，怕別人笑我。」

「你能勝任高度專業的工作，卻說自己笨，是什麼意思？」

「我很在意別人對我的看法，我怕講錯話又怕生。」

「你怎麼處理這些困擾？」

「我學佛，少說話，少與人交往，保持淡默，但我又覺得孤單。」

「學佛的功課之一是破除我執；別太在意自己就是破我執。試著這麼做，你就會自在地與人交談，開朗而不牽腸掛肚。」

於是我把前述的方法告訴她，並要她練習嘲笑自己。有一次她來晤談時說，昨天我向天公借了膽，參加同事們的聚餐，有個同事說：

「今天什麼風把你吹來？」

「不是什麼風，是你們的熱情，讓我走出來。過去我像甕中鼈，走不出來；你看看，今天可是長了翅膀的鳳凰，怎麼樣？刮目相看了吧！」

當天有許多同事與她逗笑，她把注意力放在解嘲，不放在自我防衛，而有著意想不到的愉快經驗。後來，她告訴我說：「自嘲和幽默讓我不必擔負過去的自卑。」

你想學習釋懷之道嗎？別太在意自己，世上沒有十全十美的事；只要你努力去做，剩下的缺憾就用自嘲和幽默來對付，自然會有曠達的心情。

4 應變的心力

當面臨變局時，先要確定憂慮的事是不是自己能控制的，一個健康的人，是一位最佳的控制者。他針對能力所及採取行動，而不浪費精神在無能為力的事上。

應變的心力，來自穩定的情緒和心境。

生活在快速變遷的社會裡，人不免遭遇突如其來的變局：在工作上遇到嚴厲的挑戰，在職場上被炒了魷魚，或者深愛的人去世、離婚、重病等等。碰到這些事情，有的人從此一蹶不振，有的人卻能在沉痛中振作，度過難關。

人一旦遇到變局，就像行舟遇到急流，河水湍急，載舟覆舟只在剎那間。你一定要維持情緒的穩定，因為支配你做抉擇的力量大部分是情緒智慧，而不是智能。智能所提供的是一些精確的策略、想法和做法，而決定去做什麼，顯然受到情緒的支配。

保持情緒穩定，智能和創意比較容易發揮功效。許多新點子和解決問題的方法，都在情緒穩定時，自然浮現出來。所以，當你遇到變局時，切忌慌亂，不要被負面情緒牽著鼻子走，一定要維持情緒的平穩，才有好的應變能力。建議你：

- 當情緒慌亂、憂傷、怒火中燒時，不妨先擺下眼前的事；到戶外散散步，做個運動，找個可以令你安靜的地方，讓心定下來。
- 保持樂觀。在一個挑戰的背後，一定涵藏著一個新機，或是一個具體的意義和價值，你要從正面思考去發現它。
- 面對現實。了解眼前的環境，你手頭有的資源是什麼，能做的又是什麼，看清楚就採取行動去做。我們在採取積極行動時，心情會變得振作，創意也隨之出現。
- 要注意步步踏實。一個新的目標，不是一蹴可及，必要時把它分成幾個階段，一步一步去完成。耐心學習或締造新局的行動，是有效擺脫創痛的最佳方法。
- 保持信心，要讓信心、現實、理性和行動結合起來。你可以透過伙伴互相鼓勵和支持，獲得行動的熱情和信心；亦能透過禱告，與冥冥中的精神世界契合，增進自己的心力。

我幫助過許多人克服生活和工作的變局。在變局的紛擾中，當事人可能因為失落而悲傷，尤其是親人或配偶的死亡，最為嚴重。事業的失敗，或者生涯面臨嚴酷的挑戰，總是身外物，它可以重建或復甦。但一碰上親人或愛人的死亡，則無法復得，那是一種失落和絕望，處於這種逆境，需要時間才能恢復。只有好好照顧自己，讓傷痛漸漸過去。心理治療家葛林・戴維森（Glen Davidson）說，克服這類變局，必須有以下幾個因素配合：

- 良好的社會支持網絡。有親友關心的人，願意建立親密人際關係的人，肯談開來的人，恢復得比較快。
- 能維持正常飲食、注意營養均衡的人，較能保持體力，精神創傷復原得比較快。
- 要多喝水和軟性飲料。悲傷者容易忽略口渴的生理反應，而且喜歡酒精或咖啡等刺激性飲料的短暫效果，而造成健康的失衡。
- 固定的運動及維持正常作息。

悲傷是無法逃避的，只有面對它、接受它，透過社會支持和健康的身心，才能撐過這段艱困的磨難。失落、無奈和絕望，固然帶來悲傷的困境，但最折騰人的可能是不確定性情境。一位母親得知孩子失蹤，生死不明，其所受的折磨和精神壓力，最為嚴重。當所遇到的變局，是不確定，而自己又無能為力時，所造成的傷害最大。英國在二次世界大戰時的一項統計，長期受炮火轟炸的倫敦市民，其焦慮緊張造成胃潰瘍的人口，比平常增加50％。但城市外圍，偶爾遭到攻擊的地區，則因為不確定性，造成更大壓力，患者比前者高出六倍。於是，心理學家指出，當我們面對變局時，如果能夠多蒐集資料，多了解真實狀況，找出一些線索，知道一點眉目，以幫助研判和解決問題，緊張和壓力就能減輕許多。在九二一大地震之後，災區居民很長一段時間處於緊張、驚恐和焦慮中，其最大原因是強震何時再來並不確定。但有一部分的人，他們蒐集較多資料，對地震了解多，心情也比較安定。他們說：「地震雖無法預測，但我知道，一次強震之後，能量已釋放大半，近期是不會有大地震了。我現在要預防的是山崩的危險，土石流的為患。」他們多知道一些，恐懼和不安就減少許多。

在變局之後，會產生憂鬱的人，最大的特色是分不清楚哪些是可控制的，哪些是不可控制的，最後完全陷入不可控制的沮喪和絕望。相反的，有些人自認無所不能，對於無能為力的事耿耿於懷，他們擔憂、煩心，耗盡心神，也會導致挫折崩潰。

臨床心理學家丹尼斯・傑夫（Dennis T. Jaff）歸納出的觀察是：「當面臨變局時，先要確定憂慮的事是不是自己能控制的，然後再採取行動。」又說：「一個健康的人，是一位最佳的控制者。他針對能力所及採取行動，而不浪費精神在無能為力的事上。」

我們生活在無常變遷的社會，有些變局是我們能掌控的，那就好好地學習新知，努力設法解決。有些是確定無法掌控的，也許我們很悲傷，但要努力維持自己的平衡，尋求創傷的痊癒。有一部分是不確定的，那要蒐集資訊、了解它的可能性，再去處理它。知道怎麼應變，就能在無常的生活中活得康健。

5 勤奮與歇息

每個人的精神力有限，在經過一段時間的工作之後，要適時放下它。不要因為趕工作，而疏於作短暫的休息，要以愉快的心情去迎接它。

勤奮的工作，及時的歇息，能永保鬥志和耐力。

忙碌的現代人，要懂得把握機會，及時放下紛繁的工作，讓自己得到歇息，回復體能和紓解壓力。忙碌的工作固然是壓力的來源，但依我多年的諮商經驗，卻發現人很少因工作吃重而被壓垮。真正把人壓垮的是：不甘願所導致的憤怒和隱忍。尤其是經常受主管挑剔，稽核單位的催促，甚至處於須維持一定的速度和工作量，才能過關的狀況。面臨這種境遇，常會陷入無奈、挫折和心不甘情不願的感受。這種工作壓力是最具傷害性的。

有工作就會有壓力，你如果認為上司不應該給你壓力，那是一種危險的想法。因為這種心情容易引發抱怨、憤怒和自憐，乃至一時失控，可能與主管或同事產生衝突，從而帶來更多難題和困擾。

你當然可以及時反映負荷過重，透過溝通，調整合理的工作量。但如果以不滿和敵意的態度去面對壓力的來源，必然會造成身心的傷害。然而，你要明白，真正的壓力來自主觀的感受，或者反應不當所帶來的後果。

於是，你用抱怨和憤怒來處理壓力，注定產生負面的效果。如果你爭取不到調整工作的機會，最好是回過頭來調整自己。我的建議是，在忙碌的工作中保持積極的態度，同時注意及時放下某些壓力。

以積極的態度面對工作，就是避免抱怨。反正你非做不行，心平氣和地幹，壓力比較小；滿肚子牢騷，則壓力陡升。這會帶給你胃潰瘍、心臟病、焦慮和失眠；無論如何，要保持情願和愉快去面對，否則只會增添更多困擾。

其次是懂得及時放下。每個人的精神力有限，在經過一段時間的工作之後，要適時放下它。不要因為趕工作，而疏於作短暫的休息。當工作告一段落，可以放手歇息一下，就要以愉快的心情去迎接它。請注意，歇息是一種心理調劑，你要用浪漫和幽默的態度享受，才會真正有效。你可用娛樂、說笑、運動、度假等方式，讓自己得到歇息。

賓州州立大學心理醫師諾納・培斯（Ronald Pies）指出，歇息不是把生活內容分割成工作與歇息兩個部分，週間全力工作，週末便盡情地狂歡；到了週日晚間已經筋疲力竭，還沒有來得及調適過來，又要面對有壓力的工作。真正的歇息是在工作中找機會調劑，讓自己有紓解壓力和恢復精神力的機會。他說：

「工作後歇息或休閒，應與歡度週末，保持同等的意義，它的用意是經營愉快的延續。」又說：

「當你對工作執著到不可開交，以致拒絕花時間作休閒時，就該培養生活的幽默。」

該歇息的時候，就該開心的歇息。歇息是要走更遠的路，是要讓工作更有效率，讓身心保持健康。台灣鄉下人常說：「拖晝飯缸空，拖晚無彩功。」意即拖過午飯時間，徒然使自己更餓；拖過晚飯時間，反而使工作效率降低。

有些學生用功不停，夜以繼日，真是三更燈火五更雞，他們疏於歇息休閒，缺乏給自己愉悅寬心的調劑，結果學習效率降低，壓力和緊張隨之而來；太嚴肅和過度用功，往往使他們變得呆板與焦慮。這些人由於缺乏歇息、運動和娛樂，精神力不足，清醒度不夠，因而得增加用功時間，從而陷入惡性循環，以致身心俱疲，功課退步。

忙碌的現代人工作吃重，憂心的事又多，普遍承受心理壓力的威脅，所以要培養正確的歇息習慣。我的建議是：

● 工作告一段落，要騰出時間歇息；創意的工作者在搜索枯腸時，更應及時歇息。歇息的時間，可以稍作運動，可以與人閒聊，可以清唱歌詠，對於身心和創意，都有積極的作用。

● 出差或在外頭跑業務，要利用空檔時間，把它當做旅行，以欣賞休閒的態度，好好享受那份輕鬆。

● 善用週末假日，安排郊遊、登山、運動等活動，洗濯一週積鬱的塵勞，但要在週日下午收心，讓自己有時間調整心情，使一時放不下來的困擾得到舒緩，從而看出新的希望。

無論是短暫的休息或安排較長時間的度假，無非就是要從工作壓力或心理困擾中解脫出來。透過休息，有了重振精神和孕育創意的機會。度假有許多好處，主要包括：

- 紓解壓力，讓身心恢復平衡。
- 度假旅行能增廣見識，引發創意思考。
- 旅行給我們機會建立新的友誼，增加人生閱歷，使生命更充實、有意義。
- 在旅行之中，往往令心靈得到解放和自由，打開寬闊的胸襟。
- 它令人得到快樂和燃起新的希望。

我在忙碌的時候，很會偷閒，讓自己清靜下來。有時一天可能趕兩場演講，東奔西跑，但在途中，總是把它視為一趟旅行度假，而有清閒的心情。自從卸下公職之後，我更能抽出時間赴國外旅行演講，工作和歇息就更容易融合在一起。因此，工作雖忙，卻也有從容的自在感。

忙是有好處的，它使人振作，精神抖擻；但忙中要及時安排歇息，才能使自己有活力和創意，拓展豐富的生活和悅樂的人生。

肆
力圖振作

精進

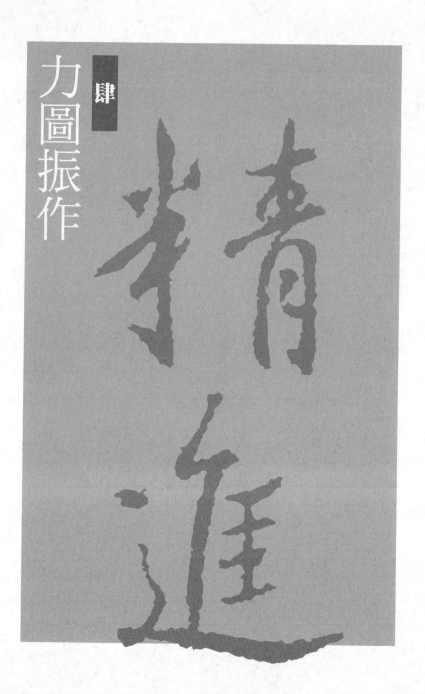

美好人生，建立在積極思想上。心情悅樂，來自振作精進的行動所產生的內在感受。於是，第四個精神體操就是力圖振作。

人需要培養積極振作的思想，它會不斷跟你對話，引導你走向振作，讓你的精神力不斷，像是泉水一般，不停地灌溉你人生的福田。

你怎麼想，就會產生什麼結果，這是心理學上的通律。往壞處想，憂愁不安，就造成精神頹廢，健康也受到連累。往好處想，抱著希望，彷彿成功在望，精神就會為之一振，活力和幹勁也隨之而來。

於是要想生活得振作，就得培養積極的思想。唯識心理學認為，人生的林林總總，都是自己業識的表現。你的識是消極的，就會有沮喪落魄的結果；你的識是精進振作的，就會有愉快和成功的豐收。

力圖振作的態度，並非你想要它，就會自然出現。要培養這種積極的態度，必須先清除心中消極的想法，採取行動破除它的糾纏，同時建立振作的態度。最簡單的方法，就是讓積極的目標，重複出現，不斷提醒，自然產生積極的信念和期望。

不斷給自己肯定的訊息，就能帶來積極振作的效果；經常閱讀積極思想的書籍，能帶來振作；跟積極思想的朋友為伍，會受到激勵。積極的心識能帶動你走向光明。

積極振作的想法，支配著我們的活力和生活品質，它的影響無所不在。《唯識論》把它分成三類：

精進有三種，

謂披甲精進，攝善法精進，利樂精進。

披甲精進是勇悍不退、不怯場、不消極和沮喪；攝善法精進是指努力學習和成長，當一個人的自我功能和德行，能日新又新，終身學習下去，就會有好的成就和幸福；至於利樂精進，則是致力於教化、奉獻和分享給社會，沒有退卻和懈怠。

精進是一種生命的主動表現，透過這種力量，我們完成了人生的意義，做出有價值的志業，令自己得到滿足。人生的終點，畢竟什麼都帶不走，但卻修煉了一種光明無私的精神力。我們透過它更接近高層的精神世界。在這一篇裡，我對精進作了以下五個觀察和陳述：

- 積極態度有益健康。
- 勇於面對困難能令你成長和愉快。
- 培養生涯發展的後勁。
- 力圖在窘困中振作起來。
- 不讓自己洩氣。

首先談積極態度與健康的關係。當一個人消極沮喪時，免疫力遭受打擊，復原能力受到壓制，健康就備受威脅。研究發現，癌症病人中，樂觀積極對抗病魔者，復原生存的比例大大的提高；反之，消極絕望者，不久就命喪黃泉。免疫學研究指出：「人的想法會左右病情的發展，只要努力，不走上消極思想，就能走上療傷之路。」於是醫學界開始重視態度療傷的做法，他們讓病患不再懼怕，拋棄消極的思想，用對生命的愛來取代，從而遠離憂慮，身體的狀況就會好轉。生活需要打起精神來，用愛和寬容，來培養珍惜生命、熱愛生活的態度，健康的身心自然呈現。

其次是勇於面對困難。人生原是面對一連串考驗的過程，如果你勇於面對困難，生命就不會為難你；反之，就會陷入莫名的沮喪。克服困難，會帶給人信心，享受其中的成就感和欣慰。它是表現生命力的舞台。心理學家威廉・詹姆斯提醒大家說：「你每天都該做一兩件應該做但是不想做的事，這能減輕精神負擔，同時讓你覺得愉快。」我深知這個簡單的真理，也透過它來了解心理不健康的人，他們的病灶就在「從困難中撤退」，以及所引發的消極思想。

其三是培養生涯發展的後勁。人生是個長期的旅程，在生涯發展上，你需要衝刺、奠基，也需要後勁，這樣才能維持長久。後勁不是猛衝，而是一種主動內發的持續力，它需要幾個因素去建構它：

- 學習自我控制，才能持久發揮潛能。
- 懂得結緣，積極上進的朋友能給你珍貴的精神支持。
- 增廣見聞，培養多方面的能力和寬闊的視野。
- 持續發展專長，才能延伸工作的觸鬚。
- 建立誠信，創造更多發揮的機會。

成功的生涯來自持續力，它靠平常培養，而不是一時意氣風發的衝動。後勁強的人，都是努力不懈的人，他們的要領在於持久的精進。

其四是遭逢困境時力圖振作。我們透過這個堅毅的力量，揮走負面的情緒，重新站起來，克服所面臨的困難。力圖振作，可以透過以下要領來培養：

- 透過運動培養體力，防止意興闌珊。
- 改善生活環境，調整干擾，能幫助你振作精神。
- 改進飲食，注意營養。
- 友誼令你振作，它能支持你再站起來。
- 要看得開，看得清楚，對於無可挽回的事，就不該浪費精神在上面。

力圖振作是個人對生命的肯定，也是承擔生活責任的表現。只有力圖振作的人，才有健康的人生和幸福的生活。

最後，本篇提出不讓自己洩氣的處方。碰到困難就會洩氣的人，態度消極，欲振乏力。心理學研究發現，樂觀的人愈挫愈奮，不會洩氣；悲觀的人在困難尚未來臨前就已經望而生畏了。容易洩氣的人，工作表現差，堅持做下去的毅力脆弱，他們經常半途而廢。因此，我提出一些預防洩氣的技巧，供讀者參酌使用。

生命是艱難的，我們要活得好，真是不容易。不過當你願意力圖振作去面對各種挑戰時，你的信心會提高，戰鬥毅力也會增強，一種面對挑戰的喜悅也就跟著被喚醒，生命力就潛藏在力圖振作的精進上。這個精神體操就很值得修煉了。

1 積極態度有益健康

心裡所想的與食物的營養同等重要，甚至有過之而無不及。把生命和生活當做目的，對它越是積極，身心越是健康。

每個人對所遭遇到的事，想法都不一樣。你怎麼想，就怎麼感受；怎麼解讀它，就產生怎麼樣的心情。然而，你的心情和感受，必然影響健康。消極的念頭帶來無助和沮喪，這時健康也備受威脅，因為你的免疫力已經大受打擊，甚至復原能力亦受到壓抑。反之，如果你有樂觀的想法，心情好，壓力少，你對抗病毒和復原的能力，都因此而得到增強。精神神經免疫學（psychoneuroimmunology）的研究，已證實心情影響健康的事實。

英國皇家學院癌症研究人員曾對四十七位乳癌病人，作長期的追蹤。發現積極對抗病魔的十位病人，十年後有七位還存活著；聽到診斷後表現絕望者，五個之中有四個不久即死亡；另外聽天由命的三十二人，有二十四位死亡。美國俄亥俄州立大學的臨床心理學家對醫科學生作抽血檢查，發現考試期間情緒緊張的學生，免疫系統紊亂，免疫蛋白降低，所以容易傷風感冒。

免疫學家吉立德‧詹普斯基（Gerald Jampolsky）醫生是加州態度療傷中心的創辦人，他說：「人的想法會左右病情的發展，只要努力不走上消極思想，就能走上療傷之路。」他強調愛的力量，認為愛就是療傷的答案；重視積極的想法，能令你脫離黑暗，走向光明。在這個治療中心裡，充滿了歡樂和希望，病人都可以敞開心胸去療傷治病。

有人問他：「什麼是態度療傷？」他說：「我們把健康定義為內心的平靜，治療就是讓患者不再懼怕；態度療傷就是拋棄消極的想法，用愛來取代。」他認為內心的平靜能對生命產生積極作用，愛和喜樂的態度生活，能使人變得健康。遠離憂慮、愧疚，你就有快樂和平安；轉移消極想法，不要怪東怪西，身體的狀況就會變好。

態度療傷的觀點是：心裡所想的與食物的營養同等重要，甚至有過之而無不及。憤怒、失望、害怕和嫌惡，對健康具有毀滅性的後果，而愛則是一帖解毒劑。詹普斯基說：「不要把自己想成無辜的受難者，為自己的不幸怨天尤人；要從滿腔怒火中轉變成藉著助人、尋求內心平安和喜樂的積極生活者。」他指出，積極的想法源自你生活態度的選擇，而努力的重點是：

● 選擇寧靜祥和而不是衝突。

● 選擇愛而不是恐懼。

我們在日常生活中，學會太多功利和自私，於是往往用敵意去看周邊的人，從而陷入對立、懼怕和憎恨。人一旦生活在其中，就產生嚴重的不安、憂慮和緊張情緒。人們大部分的急病是在內心的衝突和敵意中產生的。倘若我們用愛的態度生活，開始關心別人，別人也關心自己，就在互相支持中，我們有了安全、歡喜和生命的活力。

我們的人生，就像一趟旅行，抱著寬容之心才能創造喜樂，有了相互支持和鼓勵，才享受到生活興致，找到更多開心的事。這既是愛己，也是愛人；既是禮讚生命，也讓生活豐收，這是身心健康的資糧和泉源。

積極的態度也表現在生活的堅毅上。如果你老抓著失望、無奈和沮喪的生活態度不放，就會陷入痛苦的掙扎。酗酒的人是用酒精來麻醉這些痛苦，吸毒者則藉著它來逃避挫敗、絕望、嫉恨和不安。然而，只要重新作個選擇，拋棄過去消極的想法，不拿自己跟別人比較，不再批判自己，或者擔憂自己是否被愛和受重視。選擇接納自己，用現成手中的資材去生活，去創造、發覺個中的美，去享受生命，而不是汲汲追求佔有，平靜和愛自然流入心靈之中。

現代人漸漸被一種新的疾病包圍，那就是憂鬱症。這種喪失生活和工作意志的疾病，有許多研究指出將慢慢流行起來，成為戕害人類健康的新殺手。從心理諮商個案中，發現罹患這種精神疾病的主要原因是生活倒錯。當人們普遍追求功利和佔有，陷入你爭我奪的焦慮情緒時，再也看不到生活的可愛和樂趣，生命的喜悅被壓抑下來，怎麼會不生病呢？

所以，我們要學習積極的態度，重新作選擇。選擇寬恕，會使人心靈平安，不再被嫉恨所傷；選擇恬淡，會令你知足喜樂，精神振作；選擇生活實現的價值，認清所遭遇的事，正是自己要承擔的現實，而不再抱怨和失望。這就有了悠閒和平靜的心，去看看萬物之美，星辰的遼闊浩瀚，給自己機會享受開悟的性靈生活。這時，你也有機會在友誼和互愛的笑容中，領會到生活的豐富感，這就是對生活的積極態度。

把生命和生活當做目的，對它越是積極，身心越是健康。反之，在功利中追逐，在敵意中對抗，那麼憂心、懼怕和不安將會瀰漫於心中，傷害生活，破壞健康。

生活是需要打起精神來的，你想活得快樂，就得改變懼怕或消極的想法，重新選擇振作，培養愛與喜樂的態度。當我們領悟到珍惜生命而熱愛生活時，健康的身心自然表現出來。

2 勇於面對困難

怕麻煩、畏懼困難，會使人先挑容易的做，而跳過難題不做。結果會錯失該習得的知識、能力和經驗，心智的成長會陷於停頓，往往造成無能為力的落後現象。

人如果堆積許多難題，或者對於該做的小事拖延累積，就會感受到強大的壓力。至少它會令你不安，或不愉快。積壓拖延的習慣，會擴大難題的嚴重性，令你無奈和自責，甚至發展為莫名的沮喪。

心理學家威廉・詹姆斯曾提醒大家：「你每天都該做一兩件你應做但不想做的事；這能減輕精神負擔，同時讓你覺得愉快。」

最近常碰到一些年輕人，他們消沉慵懶，做起事來不帶勁。在晤談中，他們承認生活不正常，晚睡晚起，有時睡到中午才起床。頹廢的感覺，加深其自責，經常陷入消沉的情緒狀態。由於工作態度不佳，一連換了幾個工作，往往以被炒魷魚收場。這些人既非憂鬱症，也不是什麼情緒失調，他們的問題出在不肯面對難題。我問：

「你何不早上去運動，天天訓練你的體能？」

「這太難了，我爬不起來！」

「你要認清楚，這就是你每天該做的事，因為你不想做，就得承受疲憊的後果。如果你先付出運動的代價，就能享受精神振作的報償。」

「我還是爬不起來，沒有興趣出去作運動。」

有一次，一位年輕人說，他只做容易的事，對於困難的事，總是找個理由，把它擱在一旁。他理直氣壯地表示：「就像在學校回答考卷一樣，會的先做，不會的有時間再去想；事實上，我根本沒有時間去想那些難題。」我恍然大悟，一個人竟然會在準備升學考試中學會逃避困難和繁瑣的事。

照理說，孩子應該在三到六歲之間，就開始學習主動的習慣，到國小畢業，自動自發和負責的習慣已漸形成。不過，我發現國中階段的學生，有些孩子根本缺乏這種習慣，他們的智力在平均水準之上，但成績卻很差。他們不願意面對困難，努力用功學習該學的智能，而設法玩樂、蹺課或逃學。詢問他們為什麼這麼做，他們會回答說：「因為好玩，我一時念起。」

這些不願意面對難題的人，往往是任性的，在情緒上甚至表現得失控和衝動。他們容易狂飆，彼此衝突，乃至為了一時的快感而吸毒，提早嘗試雲雨。他們有個共同的行為模式：先玩再說，後果以後再設法逃脫。這些人一旦到了成年，會逃避所有的重要工作和困難的問題，過著注定失敗的生活。他們的生活雜亂無章，情緒易衝動，婚姻不幸，意外事故發生率也高。

面對困難和耐心應付厭煩的事，是一種習慣。人一旦養成這個好習慣，做起事來就會稱心順意。當你碰到困難時，若能正視它，即刻採取行動，就能夠激發專注、創意和毅力。我年輕時，初次出門作買賣，覺得害羞又不自在，我幾乎不敢跨出去。但迫於經濟生活的現實，母親給我臨門一腳，她說：「貨都準備好了，不送出去賣就會壞掉。」當時我賣的是水果，只好硬著頭皮，花了大半天才把它販售出去。從那時起，我學會直截了當面對困難。這做來並不容易，但卻很管用。我每克服一次困難，就覺得下一次比較容易些。

許多人都怕麻煩，或者畏懼困難，於是養成了逃避責任和臨陣脫逃的習慣。人一旦養成拈輕怕重，不能面對生活與工作的挑戰，就成為性格上的一大弱點。有一次，我給大三的學生，開了幾本書要他們閱讀。一位同學在下課時說：「只這麼一章，你就開這麼多書給我們，這樣太麻煩了。老師！何不直截了當，把答案簡單告訴我們呢？」我知道有許多年輕學子，一向很怕麻煩，他們從國小到高中，養成喜歡直接取得答案的習慣。

「在現實的世界裡，沒有現成的答案。必須你不怕麻煩，才能獲得滿意的解答。」我這樣回答他。

怕麻煩、畏懼困難，會使人先挑容易的做，而跳過難題不做。這一來，就會失去獲取他該習得的知識、能力和經驗，心智的成長會陷於停頓，對於生活在變遷快速社會的現代人，往往會造成無能為力的落後現象。所以心理學家們認為，延緩報償是適應生活與工作必備的能力。也就是說，如果你不願意奉行先苦後樂的法則，不肯把該做的事做好再行享受報償，就會陷於先樂後苦的悲劇。

有些人喜歡把時間花在眼前有報償的事上，而對於生活與工作的基本面，不肯多花工夫紮下厚實的基礎，於是生活中許多重要的事，可能拖延不予理會。例如只顧賺錢，而忽略家庭、生活品質和健康。他們把這些基本而重要的事，視為困難和麻煩，對它作長期的拖延擱置，終究會失去幸福。

面對困難，延緩享受，直到你把該做的事做好，叫做延緩報償。這是把生活中的苦與樂，在順序上作個調整，亦即先去克服困難，解除痛苦，緊跟著就能得到快樂和精神上的安泰。我們該認識的是：

- 心智成長和成功蘊藏在困難和麻煩的事項裡。
- 勇敢面對困難是生命成長的關鍵。
- 每日都該做一兩件該做而不想做的事。
- 面對並克服困難不但令你喜悅，而且能令你有成就感。

一個優秀的專業人員，或者成功的人，都有著不畏艱難的習慣，他們懂得奮然以赴，絕不拖延。每個人都有難題要處理，也唯有願意克服它，才展現創造潛能和生命的活力。當然，也唯有能迅速處理困難的人，才有健全的心靈，並享受生活的快樂和安寧。

3 生涯發展的後勁

成功的生涯來自持續力，剛開始一馬當先的人，未必繼續領先，奪魁的人往往是後勁好的黑馬。

人生是一個長途的旅程，你需要衝刺、奠基，也需要後勁。我常看到一些年輕人，在學校裡成績卓越，看起來有一馬當先之勢。但在出社會後，漸漸落後，乃至變得平庸、消極、沒沒無生氣。

一般人常把這種現象歸因於命運，或者稱它叫時運不濟。這種解釋助長了當事人推卸責任的藉口，反而失去檢討改進的機會。研究人員長期追蹤二百多位大學畢業生，觀察其事業發展，發現學業成績和工作能力之間關係並不大；而實事求是、負責任、延緩報償等特質，才是成功的要件。那些願意暫時放棄娛樂，努力以期將來有更好收穫的人，有較好的表現。人如果不懂得培養成功的實力，而任由自己放縱，或者期待時運一來，可以一步登天，總會落致失敗的結果。

生涯發展必須培養後勁，成功不全是靠才幹過人，而是靠長期的努力，不斷的學習，熱情於自己的工作。大部分的人都是平凡的，不過成功者是把平凡的資質，發展成不平凡的表現。它需要以下幾個素質：

- 學習自我控制：把握律己的人，才能持久發揮才能。
- 懂得結緣：結識積極上進的朋友，不但能給你精神力，而且帶來許多合作互助的機會。
- 增廣見聞：從多方歷練中，學會豐富的知識和能力。
- 發揮自己的專長：你一定有特殊的能力，用它發展信心，延伸你工作的觸鬚。
- 建立誠信：信守諾言，是創造合作和商機的關鍵。

自我控制的目的，是要自己能不受干擾，能專注的思慮和工作；不被無關的刺激和誘惑牽引，生活和工作不會脫序。生活脫序，不但打亂你的情緒，干擾家庭生活，甚至連工作時都會心慌意亂，事業經營也會出岔。安定你的心，不要被享受和娛樂沖昏了頭。許多研究指出，凡是能自律的人，總能踏實、有耐心地把事業做好。

生活愈簡單，自律的能力愈好，思考愈縝密，工作也愈不會分心。簡單的生活，使人精力充沛、精神集中，從而有更好的腦力，去處理當做的事。人如果經常在下班之後，跑到燈紅酒綠的場所，流連在娛樂的溫柔鄉，太依賴娛樂的快意，而不能夠在努力工作中獲致成就感的快樂，會逐漸偏離生活和工作的主軸。雖然，我們需要娛樂作調劑，但它是調劑，不是工作和生活的主菜。

其次是要懂得結緣，結緣是人生很重要的一環。每個人能力有限、力氣不足，必須有伙伴合作，才能共同完成事業。成功的果實來自結緣，合作結盟的力量來自結緣，但別忘了要結善緣，而不是結惡緣。交了惡友，注定令你走偏了人生路。如果你是主管或負責人，請別忘了去找有才能、能自我控制和有熱忱做事的人，培養他們對組織體系的感情；善用他們的長才，激發其能力，並把功勞歸於他們。這種氣氛可以凝聚更大的力量，使整個組織蒸蒸日上。

透過對別人的協助和關懷，結識更多互助的朋友，不但能得到友誼，在人際關係上獲致滿足，更能擴增活動空間和見識。人各有專長，只要你懂得使他們合作，就能產生全新的力量。這是管理工作者必須具備的能力。

其三是擴大見聞。努力從基層工作中學會紮實的能力，不要一直盯著高位，而忘了學習多方面的能力。人本來就具有多種智慧，在擴大見聞和歷練之後，往往能讓自己更清楚地知道，哪方面最具潛能，著力其上，努力發揮，就能從成就感中建立信心，漸漸爬到較高的階層，成為一位有總管能力的將才。

你當然需要精通一種專業，但卻不能只靠它發展寬闊的生涯。好的專業能力像是一棵大樹，但你豐富的生涯卻像一片樹林，你不能只種一棵樹，卻冀求繁茂的樹林。因此，你要終身學習，延伸自己的經驗和能力。必要時還得培養第二專長，讓自己有更好的揮灑空間。

當然，你還需要信用。人不能信守承諾，會給人帶來不安和困擾，而變成受人嫌棄的人，如此，跟你打交道的人就會越來越少。有些人在企業體系下工作，對工作不忠誠，從中貪取好處，做些偷雞摸狗的事，一旦養成習慣，就會造成悲劇。不過，負責公司營運的人要看清人性的弱點，建立良好的制度，讓員工的努力得到應有的報償。勞資之間的互利雙贏，是建立彼此互信的基石。

信用不只是彼此之間信守承諾，還要具備令人信服的風格。你能考慮別人的立場，別人也會回報善意。這種無須約定的信實，是人世間最寶貴的潛能。人們所以能彼此互助合作，就建立在信賴的基礎上。我們該注意的事是，當信心動搖時，政經就會不穩；夫妻的互信出了警訊，兩人就會緊張惡鬥起來。互信影響人際互動殊大，但它必須審慎長期的培養。

最後，你還需要堅持的毅力。人總是在坎坷的旅程中，跌跌撞撞，才學會在大風大雨中，站立起來。所以，有毅力捲土重來，發揮上述許多因素的人，才是真正有後勁的人。歸納心理學的研究，一個堅毅度高的人，有以下四種特質：

- 對工作負責與執著。
- 把挫敗視為挑戰，並懷抱著希望。
- 透過努力和學習，相信自己有把握做好它。
- 有耐性把事情做好。

成功的生涯來自持續力，我把它稱為後勁。就像馬拉松賽跑一樣，剛開始一馬當先的人，未必繼續領先，但有後勁的人，卻漸漸發揮潛力。奪魁的人往往是後勁好的黑馬。

4 力圖在困境中振作

開源節流的觀念用在精神力的經營上，同是一條金科玉律。在生活與工作中力求上進的人，總可以在其眉宇面頰上，看到自尊和快樂。

人在遭逢傷痛時，情緒會低落，接著就心灰意懶，甚至衍生成身體的不適，例如胸口悶鬱、恍惚、消極和沮喪。喪偶、情變、事業失敗、長期的挫折感，都會引發傷痛，造成情緒低落，帶來身心的併發症。只要你力圖振作，就能揮走負面情緒，重新站起來。最關鍵的事是：要對情緒低落採取行動。

一位女士中年喪偶，她和先生共同創業，鶼鰈情深，家庭幸福。在一次車禍中，先生突然離世，她既需照顧子女，又需獨立承擔事業的壓力。傷痛、壓力和筋疲力竭，導致精神崩潰、情緒低落，而無法工作。頓時家庭、工作和健康面臨嚴厲挑戰。她告訴我說：

「我無能為力，不曉得怎麼工作和生活下去。」

「我知道你的傷痛和壓力，但你眼前沒有別的選擇，也沒有別的路。你只有一個選擇，力圖振作起來。」

「我辦不到，因為我筋疲力竭。」

「你同時要面對許多事，當然會筋疲力竭，如果一件件把它列出來，依序設法去解決，就能克服。」

經過一段時間的交談，我替她把問題逐一寫在紙上。依其所述，列出可能解決的方法或策略，逐一加以思考選擇。例如家事可以請妹妹過來幫忙，孩子上下學就有人照應，可以跟妹妹商量每個月付多少費用，預作安排能讓心情安定，生活有條不紊。事業方面，她也做了規劃，請來姪兒協助，建立員工分工合作的制度。在晤談中，她漸漸安定下來，因為把一個龐大的重負，切割成一項項具體的工作，就能想出解決之道。人的大腦一旦恢復邏輯的思考，就能使信心大增，情緒得到控制。沮喪、雜亂無章的心情，就漸漸褪去。

接著我建議她，力圖振作需要培養足夠的心力；心力不會自己來，而要靠培養。在交談中，分析寫出以下幾項定課：

● 透過運動提高情緒，防止意興闌珊：抑制憂鬱最好的運動是耗氧運動（慢跑、疾走、跳繩、有氧舞蹈等等），每天做個二十分鐘。它能增進體力，使精神振作，提高思考力和清醒度。更重要的是，它能令心情輕鬆愉快起來。

- 改變環境：改善室內光線，光亮有助振作；顏色影響心情，更換深藍灰暗的窗帘；會引起強烈思愁的遺物，加以收拾。
- 注意營養：三餐定時，多吃含豐富維他命B的食物，如穀物、青菜、魚和雞蛋。必要時，買一瓶綜合維他命B，補充攝食的不足，這能為自己帶來活力，以應付勞累與壓力。
- 友誼有助於克服困難：在遭遇危難和困境時，有朋友支持，要比單打獨鬥好得多。朋友不但能分憂，更能協助妳解決困難。不過，妳要交積極思想的朋友，和他們交談會帶來活力；反之，與消極的朋友交往，會讓妳走錯路、做錯決定。
- 要看得開，也要看得清楚：對於無可挽回的事，就該把它擺在一邊，不要浪費精神在無用的事上。要把有限的精力，放在該花的事上。開源節流的觀念用在精神力的經營上，同是一條金科玉律。

這位女士經過兩次的晤談，顯然有很大的進步。我建議她重視宗教的活動，每週有一次聽經，吸收積極的生活觀念，並透過宗教的情操和共修，洗滌心中的積鬱，仰望新的希望和佛菩薩的慈悲加持。有一天，她告訴我：

「老師！我比以前篤定多了，而且有著特殊的感覺。」

「什麼感覺？可以分享嗎？」我問。

「我已領會到一個道理：要面對現實就得力圖振作，否則就會垮下來。謝謝你的指導和支持，美好的前景正等著我去迎接它。」

人需要振作，才會有好的精神和活力。對於那些遭遇不幸的人，他們需要這種力量，對於一般人也是一樣。肯振作，在生活與工作中力求上進的人，總可以在其眉宇面頰上，看到自尊和快樂。

力圖振作是個人對生命和生活的肯定。因此，力圖振作之中，必然包含著休閒、娛樂和幽默的態度，這些生活內容能帶來輕鬆、喜樂和滿足感。我們要避免把力圖振作，誤解為全力追求成就，導致精神耗盡，帶來情緒的崩潰。在功利主義掛帥的時代，有些人把成功人生解釋為追求與鑽營，忽略了生活的喜樂，無視於人性的柔美，而犧牲高層次精神生活的開展，終究扭曲了生活，造成精神的瓦解和痛苦。

野心和無盡的追求，會使一個人精神耗盡，導致沮喪和無奈。哈伯特・菲登柏格（Herbert J. Freudenberger）研究精神耗盡的人說：「那些凡事要求高標準的人，他們為高成就付出極高的代價。過分的投入奪去他們的精力、生活的熱情和真正的成就感，生命的目標從而迷失，身心健康也受到威脅。」

我鼓勵大家力圖振作，但要從人性面去努力，要把生活和生命的價值當做目標。這才能提醒自己，不致衝昏了頭，以致生活失衡，這才是真正的力圖振作。

力圖振作表現了一種覺察力，它能避免因為長期的追逐而造成強大壓力，把自己壓垮。深通振作之道的人，他們能擺脫壓力的威脅。他們明白壓力不是來自工作和努力，而是來自失衡，以及急功近利的錯誤態度。

力圖振作不是打起精神去追逐，而是要用愛生活和生命的態度，讓自己的精神開展起來，去面對生活，得到滿足與喜悅。

5 不讓自己洩氣

世上沒有百發百中的事，所以你不能因為挫敗而洩氣；做錯事，只須檢討，切忌內疚自責。保持積極樂觀，不但對工作和生活有益，對健康的幫助也很大。

人在承受一定的壓力時，會覺得信心動搖，有撐不下去的感覺，於是像輪胎洩了氣一樣，萌生走不下去的消極想法或態度。這時，如果你縱容這種負面情緒，任其削弱精神力，就會陷入思想的灰暗和悲觀。

洩氣是悲觀的關鍵。你若不願意為自己打氣，不肯及時修補漏氣的輪胎，終究會面臨行駛困難，甚至寸步難行。經常洩氣的人，態度消極，工作效率差，心理學家馬汀・塞利格曼（Martin Seligman）研究行銷工作者的態度，發現樂觀的人，會愈挫愈奮，不會洩氣。樂觀者在工作第一年，表現出來的業績，要比悲觀者高37％。悲觀者在結婚第一年的離婚率是樂觀者的兩倍。

企業界在徵行銷業務員時，會對應徵者施以傳統式的考試，塞利格曼從那些不及格的應徵者中，挑選具有樂觀特質的人，予以錄取進用。經過一年的追蹤，發現這些人的業績，比考試及格但悲觀的行銷員，業績要高出21%。繼續追蹤到第二年，他們的業績則高出57%。

行銷的工作，受挫折的機會很大。他們向十個人推銷產品，可能只有一個人接受，而大部分的人，連表示興趣都沒有，甚至冷漠地拒絕，這很容易造成行銷員的洩氣。不過，那些不洩氣的人，總會鼓勵自己：「繼續走下去，下一個就會是成功的買賣！」樂觀者相信，十個人有九個拒絕我，是推銷工作中的常態，而那個十分之一的機會，就是自己努力爭取的對象。

世上沒有百發百中的事，所以你不能因為挫敗而洩氣；世上也沒有完美無缺的事，所以有人對你批評，也是很自然的事。人如果受到批評或指正，就覺得自我價值受損，那就會洩氣。如果工作有點缺失，就覺得內疚自責，那就很容易洩氣，從而消極起來。

做錯事，只須檢討，切忌內疚自責。檢討改進是累積經驗，內疚自責是給自己洩氣。最近，一位計程車司機說，自從台北地區捷運系統通車後，計程車生意普遍不好，大部分的人只能做到七成的生意。我問他：

「你的載客率有沒有下降？」

「第一個月我的生意減少兩成半，但現在我未減反增。」

「你是怎麼辦到的？」

「我每天記錄自己行車的路線，觀察乘客的疏密和交通動線，找出行車載客的有利路線。你不覺得嗎？像你剛從捷運站下車，我就載到你，我是載客人到附近巷子裡，有計畫地往這邊開，就遇上你。」

這位計程車司機在我上車時就高興地打招呼：「老師！真高興能載到你！」他接著說：「我常去聽你講經，也讀你的書。我從你那兒學到一些生活態度，讓我生活過得比以前好。」於是我問他：

「你學到什麼生活態度？」

「不要洩氣，要積極振作。不要抱著舊知識不放，要注意從工作與生活中學習。你一再強調知識也有有效期限，這個觀念讓我領悟到不斷學習的重要性。你說的沒錯，不斷學習新知，解決問題，就會使自己更有信心。有些人只會說洩氣話，不肯積極尋找新的適應之道，終將被淘汰。我只是一個計程車司機，使用這些道理，也頗多收穫。」

我聽了這位計程車司機的話，也有了新的領會：肯主動學習，願意在工作和生活中不斷尋找新的答案的人，顯然不會洩氣。他們意氣昂揚，是生活的贏家。

保持積極樂觀，不但對工作和生活有益，對健康的幫助也很大。研究發現，人越是洩氣，心理壓力就越大，自我功能越差，解決問題能力下降，緊張和焦慮的指標也隨之上升。它們會抑制免疫系統，使身體的抵抗力變弱。薛爾登・可罕（Sheldon Cohen）研究心理壓力與罹患感冒的關係，他讓受試者接觸感冒病毒，結果發現壓力小的一組，有27％受到感染；壓力大的一組，有47％受到感染。

你常會洩氣而消極起來嗎？設法阻止它，否則稍有挫折或病痛，也會擴大成危及生活和健康的負面情緒。一位心理學家追蹤一百二十二位心臟病人長達八年之久，結果發現，不洩氣而保持樂觀的二十五個人中，只有六個人死亡；態度悲觀洩氣的二十五個人中，有二十一個人死亡。你想生活得健康，保持良好的生活品質，別忘了凡事不可洩氣。

保持不洩氣是維持精神振作的妙方，是開拓工作績效的不二法門，也是維持健康、不被疾病絆倒的要訣。然而，怎樣才能使自己免於洩氣呢？以下的建議不妨試試：

- 仔細聆聽內心裡的對話，覺察你是否被洩氣的想法套牢了；試著把它記下來，看清楚它。
- 設法對付挫折，而不是任由消極的想法蹂躪；告訴自己，學習一些新的本事來對抗它；你有越多本事，就越不容易洩氣。
- 用積極的目標來代替消極的想像，擬出生活與工作的新計畫，燃起自己的熱情，讓情緒振作起來。
- 採取不同的角度，來看自己的遭遇，著眼積極面，好好發揮它，自然就能脫困。

人要養成一個好習慣：多著眼看自己好的一面。每一個人都各有所長，也各有所短，都互有得失勝負，如果你老是著眼看失去的，那就會洩氣，如果你看手中還有的，就能重燃信心和希望的火焰。

伍 定的修煉

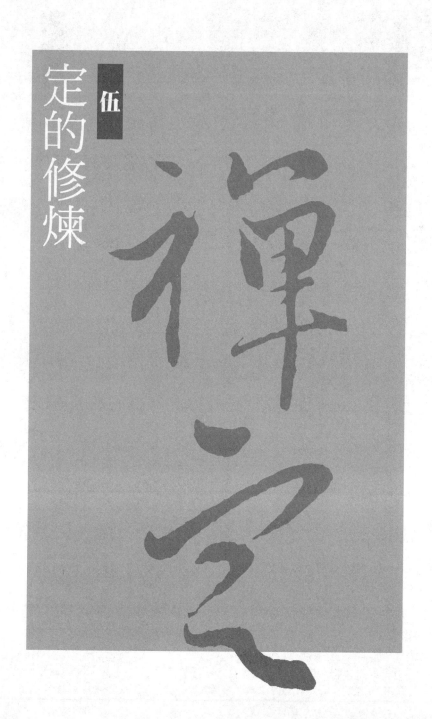

【伍・定的修煉】

精神體操的第五個要領是定的修煉。

生活在現代社會，忙碌、競爭、追求成長，逼得每個人緊張焦慮。這種不安的情緒，不但令你不舒服，干擾睡眠，甚至傷害健康。它給人帶來許多衍生的困擾，例如疲勞、身心失調、人際衝突、憂鬱和藥物濫用等等。

人類大部分的疾病，是在心理失去安定，處於情緒失衡時才發作的。因此，為了心理的不安，我們已經付出很大的代價，無論在健康上、工作表現上，乃至生活品質上，許多人正承受著這個苦難。

千萬別掉以輕心，任其繼續折騰你，因為它不會自行退去，除非你願意調適自己的心境。從唯識心理學的觀點看，心即是法地，法地一旦動搖，許多災難就會跟隨而來。為了安定自己的心，《唯識論》提出三個向度：

靜慮有三種，
謂安住靜慮，引發靜慮，辦事靜慮。

安住靜慮是指調伏不安、浮躁等不當的情緒，讓自己安定下來，感到輕鬆愉快。引發靜慮是指安定之後，自動開啟悟性，帶來良好的覺察和醒覺。辦事靜慮，為一切有情眾生，做利樂服務的工作。

安定給生活帶來自在，引發覺察和清醒的回應，同時是發展事業、造福社會的心力。所以唯識心理學把定和慧結合起來，成為不可分的一體兩面，故云：

定慧等持，
意中清淨。
用本無生，
雙修是正。

它指出定與慧是共生的，兩者要同時修煉，才能使心智清醒，達到安定或禪定。心智世界中，真正的大用就在那無生的靜慮上，只有兩者一起修持，才能啟發睿智與創意。

在禪法的教誡中，對於定尤其重視，他們把禪定解釋為「外離相為禪，內不亂為定。」也就是說，當你被外境的引誘、成見、偏見牽縛綁架時，內心就會失定。所以修煉的要領，特重外禪內定的功夫。

然而我們的心，是多麼容易被牽動、被綁架呀！在不經意之中，就會失去定性，陷入紛擾；只須少許的引誘，就會迷失其中；只要一丁點兒刺激，就會激動出心海中的怒濤。所以，我們不得不做這項修持，因為在忙碌多慾的社會裡，很容易陷入迷失、失衡、錯誤和痛苦。

要謹慎地訓練自己的心，不要被外境拖著走。生活必須保持簡單，維持一定的自律，嫻熟自我調理之道。我們在此且不說禪定與精神永生之間的關係，當然這是毋庸懷疑的事。不過，我們深信只要在生活與工作中，能保持上述唯識論所陳述的三個向度，就創造幸福人生而言，已經充分有餘。甚至透過這樣的修煉，你已能漸漸接近本體世界的奧秘。

本篇六篇文章，都在討論安定身心的方法。從晤談經驗中，我發現若能在生活與工作中，不斷檢討調適的人，便可以在生活與工作上，發揮更好的創意，提升其績效與品質。以下是幾個修持的重點：

- 在忙碌中不忘調適心境。
- 每天懂得給自己一夜安眠。
- 提醒自己放輕鬆些。
- 別太在意自己的弱點。
- 善用你的憤怒。
- 練習以簡馭繁。

首先對於忙碌的現代人，特別是工作責任加重、事業稍有基礎的人，要注意的是：不要陷入自我中心的思考方式，那會令你失衡，造成嚴重的心理壓力。

此外，還要學習幾個要訣：

- 面對真實，不要給自己訂定無法達成的目標。

● 注意自律，避免在工作和生活上旁生枝節。
● 學習達觀，能用自我解嘲來看逆境和失敗。
● 不嫉妒，要懂得欣賞和讚美別人的成就和優點。

其次是懂得安排一夜安眠。精神生活的品質，與睡眠的好壞有密切的關係。你睡得好，就能維持良好的心力，去做該做的事，享有愉快的生活。本文對睡眠的調適，作了深入的討論。

其三是保持輕鬆的心情。輕鬆帶給你創意，賜予你好的睡眠，更重要的是輕鬆本身就是福氣。輕鬆不會自己來找你，活在忙碌的e世代，務必要學習調理它的技巧。例如拿自己不如意的事，逗自己開心；記錄趣事，並與周遭的人分享；學習靜慮，放鬆自己；用大笑和運動來紓解壓力等等。

其四是別太在意自己的弱點。每個人都有弱點，都以為別人會輕視它、取笑它，而覺得在意。人越怕暴露弱點，就越容易造成防衛、退卻和抑鬱。在這篇文章裡，舉出許多事例，說明弱點不用怕，必要時我們還可以把它變成助力。

其五是善用憤怒。你必須了解，憤怒是個人遂行某種目標，受到阻礙或擾亂時，很自然的反應。因此，憤怒本身並不那麼可怕，值得警惕的倒是你用恨去看它，還是用愛來看它。憤怒結合敵意，就會失衡，形成暴力，失去理性，做出失控的行為。憤怒出現時，如果是心懷友愛，會形成義憤，為公益而努力不懈。佛法中所謂的憤怒菩薩，其實就是勇猛的正義守護者。歷史上所謂文王一怒而安天下，是友愛和正義之怒，它並不失衡。

最後是練習以簡馭繁。人越是在生活上保持簡單，態度上維持單純，則在思考上就顯得更為縝密。簡單的生活，是適應e世代忙碌社會的最佳選擇。

安定的心令我們冷靜，它賜予安寧的精神生活，也提供理性思考和覺醒的機會。它關係你的幸福、成敗和健康。這項精神體操，值得你長期修煉，它能帶來無量的福報和智慧。

1 調適你的心境

如果只顧踩油門，疏於作必要的緩衝，當心大禍可能會出現。不陷入自我中心的思考，不嫉妒，面對真實，注意自律，學習達觀等都是你必須學習的處世原則。

我們的生活腳步太快，每天活在爭權勢、逐名利的環境之中。你會不會常常感到紛繁，被生活的瑣事折磨，或者忙著周旋於開會、工作、交際應酬和處理家務，而覺得筋疲力竭呢？如果是，你一定要設法調適心境，否則會煩上加煩，把自己累垮。

調適並不是減少工作，或者另找一個輕鬆的差事做；而是改變態度，去面對生活現實。人免不了要工作，它是經濟生活的來源，也是價值感之所繫。事業越成功，帶來的滿足感越大，工作是很可貴的。但是成功越大，責任加重，職務所衍生的種種負擔，也跟著膨脹。壓力隨之而來，如果不能在態度上做調適，就會有筋疲力竭的後果。

有工作就會有負擔、紛擾和心理壓力。尤其是貪念作祟，更會介入強烈的競爭。如果虛榮心太強，即會產生額外的造作；執著於能者多勞的自負，就增加許多無謂的負擔。這時，如果家庭負擔增加，養育子女的勞心勞力更重，你想會如何呢？你會感受到易怒、衝突增加、失眠或抱怨連連。但是，這絕非生活之道，也非處世之方。因為你只顧踩油門，疏於作必要的緩衝，當心大禍可能會出現。

你不妨冷靜想想，學會精打細算，問問自己：這麼做有什麼好處？人生真正需要的是什麼？然後再思考：我該怎麼做，對人生才有益、有價值？現在，我從生活調適的立場，提出幾個處世原則：

● 不陷入自我中心的思考：把什麼事都與自己連上關係，一定會造成嚴重的負擔和壓力。

● 不嫉妒：切忌因別人比自己好而眼紅，嫉妒是一種悶燒的心火，會毀掉創意和活力。

● 面對真實：要實事求是，給自己訂定無法實現的目標，會帶來更多困擾。

● 注意自律：守法使你的人生路途不會旁生枝節；遵守生活作息，會令你健康、精神充沛。

●學習達觀：懂得自我解嘲、放鬆心情，能帶來好的心境和生活品質。

首先，人要避免自我中心的思考，把每一件事，都與自己聯想在一起。想到自己會受到傷害、會被排擠，將因此受到牽連，就會帶來嚴重的不安和焦慮。有些人因此而睡眠困難，長期的焦慮不安，或者身體虛弱。一位年輕人經常陷入憂愁和沮喪的情緒，他說：

「我只要在工作上有一點差池，就會自責和愧疚，甚至覺得活得很丟臉，沒有價值。」

「工作上有疏忽是難免的。」

「偶然發生疏失，被上司看出來，會令我難過很久。最近，我沒有一天是快樂的。由於我太在意，反而容易分心，又犯小錯，接著就更自責、更沮喪！」

「你是怎麼自責的？」

「我責備自己無能，在同事和上司面前抬不起頭來，覺得沒顏面，我越來越沮喪！」

他把工作疏忽解釋為對自我價值的否定。我們在晤談中所要努力的重點，就是要把所做的「事」與自我價值，做一些區隔，避免完全黏連在一起。疏忽是事情有了瑕疵，只要留意改正即可，這是每個人都可能犯的小錯，不能把它與自我價值混為一談。而自我中心思考習慣的人往往會分不清楚，以致稍犯小錯，即引來嚴重的心理困擾。

無論做什麼事，總拿自己跟別人比較，產生自我價值的貶抑，繼之而來的是沮喪。反之，如果用自己的「自我價值」，強加於別人身上，就會輕視和貶抑對方。經常陷入這種掙扎，就會產生心理困擾，隨之發生精神不振的現象。

其實，嫉妒這種見到別人成功、自己就會眼紅的情緒，也是源於自我中心的思考。老拿自己跟別人比較，心情總是不平衡。嫉妒這種生活態度，如果不加修正，會憎恨比自己好的人，甚至敵視他們，拒絕與他們來往，而成為孤獨和憤世嫉俗的人。嫉妒無異排擠所有比自己強的朋友，他漸漸的落伍卻不自知。嫉妒會壓抑一個人的活力和創意，失去幸福和成功的人生。

其三是面對真實。每個人注定要在自己的現實中過生活，越能把握真實，就越能有效回應現實。如果你給自己訂一個高目標，是努力所不能及的，就會挫折失望；如果你面對真實，做自己能做的，反而能累積成功的喜悅，增加信心和經驗，漸漸走出亮麗的未來。

用現實去成長、去延伸、去擴展人生的視野，可能是最有效的生涯發展之道。眼高手低，不願意從現實面著眼，常常覺得天不從人願，或者力不從心的人，大多數只能怪自己。一位蹉跎多年的年輕人，經過面對現實的指導和學習，他回到父親的工廠，踏實地工作起來。有一次，我引導他列出自己現實生活中，可以發揮的資源，他列出三十多項，包括需要辛苦工作的家庭工業、有幾位可靠的親友、肯努力學習的決心、擁有健康的身體、太太願意協助他把家庭照顧好等等。

後來，他感動地對我說：

「我沒想到現實生活之中，還有這麼多資財！」

「但必須你肯珍惜和運用才有價值。當你用它時，要心存感恩，因為它來之不易！」

「我知道！現實、責任和對未來的嚮往，帶給我全新的生涯熱情。我今天才感受到浪子回頭是什麼意思！」

「什麼意思？」

「回頭看到現實的世界，我找到了立足的土地，讓我有根柢的感覺。」

最後，你一定要學習達觀，要懂得在順境中感恩，在逆境中自我解嘲。尤其要有幾分笑傲人生的態度，這能令你開心、放鬆和不拘泥。

你想活得順遂些嗎？保持以上這幾個要領，讓生活過得簡單點，保持作息的常態，就會有生活的佳績出來。

2 給自己一夜安眠

放鬆是克服睡眠失調的關鍵。肌肉鬆弛技術、凝住於清涼的心境和專注於柔和的呼吸等方法，可使自主神經系統緩和，而有助於睡眠。

精神生活的好壞，與夜裡能否安眠有密切關係。睡眠品質好，一覺起來身心輕鬆，精神自然振作。現代人普遍晚睡，休息時間不足，或者帶著緊張、焦慮的身心上床，是夜裡得不到充分休息的原因。

夜裡休息不夠，睡得不安穩，除了上述原因之外，尚有生理上的原因。有些人在睡眠時，有呼吸暫停的現象，大部分是體重超重的中年人，打鼾時阻礙呼吸道的暢通，嚴重影響睡眠品質。有些人則因身體不適，而干擾睡眠。這些現象一定要去看醫生，它不是心理調適所能解決的。

不過，如果你不容易入睡，入眠後不能放鬆，倒是可以用身心鬆弛技術，幫助自己進入安適祥和的夢鄉。它的步驟是：

●睡眠時間一到，溫和地提醒自己，該就寢了。把寢室的燈光調得柔和，以輕柔的姿態躺下，放鬆全身。想像自己像是一隻軟綿綿的舊襪子。輕柔地說一聲：「睡吧！」呼喚全身享受休息之樂，把一切心事放下來。擁著棉被，對睡眠報以微笑和滿足。

●作幾次深呼吸，吸氣時要有身體脹滿的感覺，呼氣時讓身體的肌肉完全鬆弛，像洩了氣的氣球那樣鬆垮。然後想著躺在清爽的草地上，看著蒼天閒雲，或躺著享受森林浴，或者仰躺望著夏夜的星空；把心定在清涼的情境，聽著和緩的呼吸聲，感受清涼、寧靜和悠閒的情趣。

●繼續保持放鬆全身，讓五臟六腑的活動輕緩下來，感受到每一塊肌肉都鬆弛起來。你癱在床上，把身體交給地心引力，完全地鬆弛，並在選擇的清涼情境中，享受呼吸的韻律。一種無事、放鬆、寧靜，而呼吸聲成為安祥的節奏和生命的音樂。

●想像自己就是鼻息，一進一出。吸進來的是澄澈的空氣，覺得全身清淨涼爽；呼出去的是積壓在體內的鬱氣。這時，你感受到一種平衡，並與宇宙合而為一；投入和諧、溫暖的懷抱，徜徉在忘我的宇宙搖籃之中入睡。

現代人習慣於操控和講求效率，如果把這種態度用在睡眠上，睡眠就會被干擾，自己也就忙於應付睡眠，反而睡不好。反之，若把一切放下，讓自己癱在那兒，享受放鬆和慵懶，聽著鼻息，安於自己選擇的清涼心境，你會嗅到和感受舒暢與寧靜。這種輕柔的感受，正是入睡的心理條件。

當你安住於清涼心境時，只須單純地陶浸其中。比如說你想像仰躺在高崗上望星空，就安住在其中，享受著繁星點點，夏夜的涼風，夜裡的安靜。這就夠了，然後把自己放鬆，聽著呼吸，享受個中的寧靜和清涼。

放鬆是克服睡眠失調的關鍵。理查・布里森（Richard R. Bootzin）博士是研究睡眠的專家，他指出睡眠不好的人比較容易喚醒；睡眠時的皮膚敏感度和直腸溫度較高，每分鐘血管收縮頻率和身體活動都比一般人多。這表示自主神經系統過於活躍，它們若能夠舒緩下來，身體就能安眠。

許多睡眠研究指出，肌肉鬆弛技術、凝住於清涼的心境和專注於柔和的呼吸等方法，可使自主神經系統緩和，而有助於睡眠。此外，自主訓練（autogenic training）也是一種自然有效幫助睡眠的方法。它的關鍵是，藉著肌肉的放鬆，並自我暗示身體的慵懶和溫暖（heaviness and warmth）。藉由慵懶而更覺得舒坦，透過溫暖的感受，使血液循環較好，造成布里森所謂的一種低平的身體醒覺狀況，而易於入睡。實驗發現，失眠症患者經過練習之後，睡前翻來覆去的時間，減少了五十二至二十二分鐘。經過一個月放鬆訓練，入睡時間縮短了一半。

容易失眠的人，除了運用上述鬆弛和自我暗示等方法，讓自己易於入睡和充分休息之外，心理學家也建議：

- 就寢前六個小時不喝含咖啡因的飲料。
- 每天做適當的運動。尤其是晚飯後的散步或運動，有助於心理的放鬆。
- 睡前洗個熱水澡，或喝杯熱牛乳，把臥房光線調暗，有助於睡眠。
- 作息起居要正常，不午睡，但可以伏案小昧。
- 上床後要萬緣放下，不擔憂自己不能入睡。

睡眠失調往往使人覺得身心俱疲，這種感覺大都來自自我暗示。事實上，人體有一種自我調整的功能，只要你放鬆自己，不催迫自己入睡，不憂心睡不著，它本身就是一種醒臥和休息，無需為不能入睡著慌。

最後，要特別提出的是，睡不好和失眠往往與心理壓力有關，有些是顯而易知的，有些則是生活態度的問題。前者只要困擾得到解決，或經過一段時間的適應，自然恢復正常。至於後者，就該檢討自己是否陷入太多敵意和功利價值的掙扎。反省自己是否長時間沒有愉快地過生活。記得！要在自己生活的興致上加點佐料，創造一點生活中的歡喜和人際溫暖，是夜裡好睡、白天開心振作最主要的催化劑。

3 不妨放輕鬆些

保持輕鬆對身心健康以及工作效率的提升，有著積極正面的效果。輕鬆的態度來自幽默，來自以超然的立場看自己和別人。

笑是輕鬆的來源。你不妨學習嘲笑自己，逗著自己和家人發笑；甚至在窘境中，也能調侃自己，笑走當時的尷尬。生活中不免有壓力，笑可以驅走它；際遇中不免有心創，笑能撫慰傷痛；身體不免勞累疼痛，笑是紓解的良藥。

你能對人生抱著笑傲的態度，就不會被悲愁困住；引發輕鬆、開心和豁達，就不再被沉重的心情壓垮。依我看來，這是生活的重要態度，它能消除家庭生活中的緊張、工作上的危機，令情緒得以調伏安寧。

身心靈是一體的，如果能保持身體的輕鬆和心情的安適，你的性靈也跟著寧靜，流瀉著生命的活力和智慧。日常中笑得多就表示生活態度輕鬆。年輕時，我不懂得把握這項輕鬆的藝術，而生活嚴肅；但自從脊椎創傷，受過病痛折磨後，才開始學習這有趣的生活藝術。

後來，我閱讀雷蒙・穆迪（Raymond A. Moody）的研究報告，他說：「病人藉著大笑，可讓其康復；至少病人可以藉自己的幽默感，做為面對疾病的積極態度。」他又說：「由於幽默的刺激，接著捧腹大笑，肌肉緊張程度降低，疼痛於焉緩和下來。」我透過復健、運動和學習大笑，受益良多。

研究指出，大笑能引發腦內啡（endorphine），它是天然的止痛劑，也是令人覺得高興的一種神經傳導物質。如果你沉浸於自艾自憐之中，痛楚就會加劇。反之，只要你放輕鬆些，利用幽默引發大笑，就有神奇的反應和效果。

笑能帶走工作壓力，使免疫力更強，保護你免受疾病的攻擊。笑對於情緒的調節，有著決定性的作用，你若常笑，心情就會開朗，人生就充滿希望。所以，你不妨輕鬆些，多利用幽默，領受別人的風趣，來達到生命的雀躍與歡喜。可以透過以下幾種技巧，培養輕鬆的態度：

- 拿自己不如意或發窘的事，逗自己開心。
- 記錄生活中有趣的事，並與周遭的人分享。
- 想像自己生活在無憂無慮的情境之中，引發心中的寧靜。

●經常逗自己大笑，假裝開心大笑，也會使自己真的開心而輕鬆些。

首先，每個人都要學習調侃自己。任何人都希望受到肯定，保持顏面，要當一個聰明的人。當你不慎出錯、在別人面前獻醜時，就會覺得無地自容。如果你過於嚴肅，當場就會感到丟臉。這時，你要保持輕鬆的態度，以令自己發噱的一面，尋找自嘲，從中取樂，保持心情的平衡。一位工廠主管由於廠房發生意外，急忙趕到現場指揮應變，並接受電視訪問。事後看到自己在電視機裡的狼狽模樣，吃驚得目瞪口呆。隨即他呵呵大笑，對同事說：「我離家時匆匆忙忙，把假髮戴顛倒了，它看起來像一隻死老鼠落在我頭上。」他自嘲，大家從中取樂，緊張就變成輕鬆了。

其次，你可以蒐集一些有趣的笑談，用來自娛。有時我會在就寢之前，翻閱有趣幽默的笑料，總會逗得自己大笑。我的一位朋友，最喜歡在聚會餐敘時講笑話，從政治人物的百態，說到他所蒐集的笑話。與他一起用餐，保證笑個開心，令在座輕鬆愉快。

從朋友逗著你開心，到自己瀏覽蒐集的笑料，都能帶來身心輕鬆的效果。史丹佛大學研究笑的行為的生理學教授威廉•富來（William Fry）說：「笑能引發不少生理運動：肌肉被牽動，心跳加快，呼吸量增加，氧氣交換也加速，這些與體能活動效果類似。你的臉部、手臂、雙腿和腹部肌肉，都做了一次小型運動，甚至連橫隔膜、胸腔、循環和內分泌系統都做了一次活動。因此，大笑和幽默對人是有益的。」

你可以逗著自己大笑。早上起來對著鏡子，揚起眉毛，咧開你的嘴，深深吸一口氣，然後咯咯大笑，要笑到你的氣笑完，再重複作幾次。要邊做邊回想，過去有過大笑時的經驗，讓節奏和咯咯聲顯得像真的一樣，同時要保持心中的愉快和笑意。你練過一段時間，就可以隨時想笑，就可以發聲大笑。先假裝笑，接著就會真的笑起來，其「笑果」真不亞於面對幽默時的大笑。

其三是想像自己在快樂無憂的情境之中。人應當努力工作，但請不要忘掉尚有娛樂休假的權利。我們之所以努力工作，是為了生活得更好，而不是要當一位工作狂。不過，當你忙得不可開交，或者在忙碌的工作旺季裡，不能抽身去度假或旅遊時，你可以用想像力鬆弛自己，讓緊張和壓力得到紓解。比如說我忙著寫稿一段時間，會去把玩把玩從寬闊的海邊撿拾回來的石頭。我仔細觸摸它們，重新把它們堆成另一個造型，回想某些石頭的來歷，沉浸於海邊的壯闊，想像著大海、藍天和白雲，霎時我感到寧靜，就像去度了一次假一樣，神弛在輕鬆的氣氛之中。

有時候，我會躺下來，隨著回憶的波濤，漂流在童年無憂無慮的回想上。想著過去鄉下的寧靜和青綠，陶醉在兒時歌唱的稚子之情，這些都能帶來一時的輕鬆。恢復心力之後，又可以聚精會神的工作。

保持輕鬆對身心健康以及工作效率的提升，有著積極正面的效果。輕鬆的態度來自幽默，來自超然的立場看自己和別人。如果你能對生活和工作保持平衡，同時以努力和詼諧去看待它，那就叫做輕鬆的態度。

4 別太在意自己的弱點

一個弱點或幾件不想為人知的舊事，在心理世界會擴大成無名障礙，阻礙身心的正常運作，甚至把整個人生搞得鬱卒低沉。這些都會障蔽我們面對現實的契機。

每個人都有一些弱點。也許你在校成績不佳，過去曾經頑皮和中途輟學，或者身心有殘疾，乃至曾經犯法、受過刑，這些都可以稱做弱點。對於這些弱點，我們無須刻意渲染，但也無須擔心害怕被別人知道。

如果我們刻意想要隱瞞和躲藏弱點，清楚的思考和生活的主動性，將隨之受到抑制。因此，越擔心暴露自己的弱點，越容易處處防衛，使生活從積極主動，變成消極退卻。最後，一種抑鬱不樂的情緒，會在心理世界漸漸蔓延開來。

隱藏自己的弱點，同時也抑制了創意。許多人因為怕受人非議，怕被別人瞧不起，所以佇足停頓；他們怕在行動和新的嘗試中，露出馬腳，所以索性就停在那兒觀望，甚至死心踏地不敢向前程路跨一步。

在人際關係上，因為怕暴露自己的弱點，而不願意參與活動，不敢伸出友誼的手迎接別人，於是一種僵化的情感，阻礙了彼此的交流和溝通。最後，在他的思想體系裡，歸納出一個新的結論：別人對自己是不友善的。當人際關係有了障礙，問題就漸漸擴大；在工作、家庭和生活上施展不開，心靈自然孤寂寞落。

一個弱點，或者幾件不想為人知的舊事，在心理世界會擴大成許多障礙，阻礙身心的正常運作，甚至把整個人生搞得鬱卒低沉。為什麼會產生這種抑制活力和潛能發展的現象呢？其主要理由是：

- 自以為弱點被別人知曉，會被非議或排斥，因而力圖掩飾或隱藏它，從而發展出更多的防衛行為。
- 執著於隱藏弱點的習慣，引發阻抗作用，導致放棄學習新事物的態度。
- 弱點造成自尊受損，從而失去自信、樂觀和為自己權益作主張的勇氣。

每個人都有怕被非議和排斥的傾向。因此，一旦有了弱點，就很在意暴露出來，而力求掩蓋。尤其是錯認為別人都比自己好的心態下，更容易引發隱藏和壓抑的動機。一位自認為性器太小的男人，很羞怯地來晤談。他身體魁梧，但臉龐眉宇之間，卻表現得缺乏自信，談吐之間不難看到其怯生生的一面。他說：

「我和女朋友交往已經數年了，我們很談得來。但我們發展得越親密，卻令我越懼怕。我怕她知道我的性器太小，恥於見到她，為此我困擾非常。」

「你看過醫生嗎？」

「看過，醫生診斷功能正常，也能勃起，不過我還是很羞於此事。感情發展到這裡，我很想逃避，但我又愛她。」

「別擔心你的弱點，醫生說你功能正常，就無須擔心。性器的大小是很主觀的，你無須逃避，要勇敢地愛女朋友，告訴她你是多麼深愛她。」

這位男士經過短期諮商，在一個適當機會裡，把自己的心事告知對方。結果女朋友因此更加了解他，彼此的感情更加親密，從而建立更好的自信和健康的自尊。佛洛伊德（Sigmund Freud）曾說：「懼怕是個人通往世界的大門。」懼怕這道門一旦被打開，你就能放眼世界，擴大自己的視野。

我年輕時家裡很窮，只能用家徒四壁來形容。我覺得這是我的弱點，一直不願為人所知，特別是戀愛時，更擔心自己的貧窮被秀真知道。後來，我覺得這樣隱藏自己的弱點很不是滋味，便鼓起勇氣直截了當向她陳述，說明我的愛意與顧慮。結果她對我更加關心，而彼此更坦誠地相愛。她對我說：「我愛的是你的人，而不是你的家庭環境，請不要為這件事擔心，但我也很感激你忠實地告訴我這一切。」

壓抑真實的情感，會扭曲正常的思考；隱藏自己的弱點，反而增加心理的負擔。壓抑與隱藏一旦成習，就很難清楚地面對生活，我相信佛學上所謂的無明和業障，都建立在這個壓抑上。

其次是對於隱藏真相的執著。大部分的人都會有這種心理上的惰性：對於突破眼前的習慣、學習新的適應方式，裹足不前。逗留在原有的適應方式能給自己安全感；尋找新的適應，倒反而覺得不安。就是這種惰性令人繼續窩在原來的心境，遲遲不能發展新的行為，以致陷於無奈和沮喪。執著於舊經驗和適應方式，是憂鬱的主要原因。

一位小姐經常被容易臉紅所困擾。她害羞，尤其是在她喜歡的男士面前，最容易臉紅害羞。她為此感到煩惱，覺得是一種弱點。她說：「我的弱點就是臉紅，一臉紅就好像暴露了我的隱私。」我問：「什麼隱私？」她說：「好像在告訴人家，自己在喜歡他。」我說：

「每個人都希望別人喜歡他，喜歡僅止於喜歡；不說一語，能令對方覺得被喜歡，應該是一種優點才對。」

「可是我害羞。」

「下一次，遇上你喜歡的男生，無須隱藏妳的臉紅；就讓他看妳的臉紅，甚至告訴他：『對不起！我跟人講話就臉紅。』對方反而很能接納妳。」

有時我們為了面子，或為維持自己沒有錯的假象，而不敢面對真實，隱藏過去的錯誤，怕暴露後，會下不了台，這些都會障蔽我們面對現實的契機。一位先生在離開原公司之後，自行創業，可是景氣不好，幾個月就關門大吉了。他負債累累，急於找工作，得知原公司要徵召一位有經驗的人手，但他難以啟口，不敢表示自己的心意。我鼓勵他回原公司，指導他預做心理準備，向原公司表達自己的誠意。結果，原公司接受了他。

人不免會有錯誤和弱點，我們無須刻意予以渲染，但也不必害怕暴露它。保持自然和坦誠，可以補救的弱點，反而容易改正；無從補救的弱點，也能化險為夷，受到歡迎和尊敬。

5 善用你的憤怒

憤怒不一定要發脾氣、辱罵或暴力相向。面臨挫折和屈辱時，既不是透過發洩情緒來保持平衡，也不是壓制怒氣以避免衝突，真正的關鍵在於理性思考的方法。

憤怒是生活遭遇挫折、生存受到威脅，或自尊受到屈辱時，很自然的反應，它是生命的自然現象。如果你認清它的本質，想要突破現狀，打擊障礙，準備克服眼前的困境，你就能借力使力，使憤怒之氣成為奮發有為、促進成長，甚至是孕育恢宏之氣的憑藉。

憤怒原是一種對抗威脅、困境和危險的心理反應，如果它與敵意結合，就成為大發雷霆的情緒，怒氣逼人地狂飆起來；不是造成暴力，就是引來非理性的脾氣，瘋狂地攻擊和對抗。這種憤怒之氣，可以破壞人際關係，摧毀婚姻和親子關係，甚至做出悔恨終身的事來。

憤怒如果能從敵意中分離出來，它是一種警訊，提醒自己振作起來，去克服眼前的困境。有了憤怒之氣，才有「文王一怒而安天下」；有邱吉爾震怒時的演說，撩起對抗納粹的熱潮。這時的憤怒倒反而是清醒的、是能思考的，能引發堅毅的力量，去遂行正當應做的事。

憤怒與慈悲正義結合，就成為壯闊的理性行動，去肩負責任，完成有益的事業。其實，一生的成就，公義的實現，慈悲的救助，都是從這種憤怒之氣中昇華形成的。於是，當你陷入挫敗和屈辱時，要看清怒氣的來臨，它給你力量，給你瞬間加速的心理動能，也提示你眼前有個必須突破的困境。但你要放下敵意，脫離憎恨的驅使，用理性來駕御這種動力，它能給你一種全新的力量。

有一位朋友看不慣上司的顢頇無能，不但壓抑他的創意和努力，甚至鄙視嘲笑其年輕沒有經驗。他被激怒了，提出辭呈，自行創業，目前將一家顧問公司經營得有聲有色。我問：

「當時你很憤怒，有沒有跟上司大吵一番？」

「我憤怒，但我沒有敵意，不抨擊別人；提出建議和進行說服，但沒有亂發脾氣。」

「提出辭呈時的情緒如何？」

「憤怒的遞出去，堅決地求去。」

「有沒有說氣話？」

「辦公室不是給人說氣話的地方；憤怒只是一種迫在眉睫、必須去突破現實的情緒。它幫助我積極思考問題，勇敢地做決定。」

我知道有些人在憤怒時，會厲聲抗爭，發大脾氣，或者壓制自己，而成為沮喪或冷戰的局面。他們沒有注意到憤怒在警示他，要面對眼前的危機，思考怎麼解決，卻一味讓它與敵意、憎恨連結起來，一發而不可收拾。

憤怒不一定要發脾氣、辱罵或暴力相向。憤怒之所以演變成不可收拾的災難，是因為它與敵意、憎恨和無奈結合在一起，才造成嚴重的後果。因此，當我們面臨挫折和屈辱時，既不是透過發洩情緒來保持平衡，也不是透過壓制怒氣以避免衝突，它的真正關鍵是「理性思考」的方法：

「我為什麼憤怒？值得嗎？」

「發大脾氣有用嗎？有什麼好處？」

「我面對的問題是什麼？」

「該怎麼做才對？才有益？」

有一對夫妻經常爭吵，大發脾氣，全家陷入緊張、敵意和冷戰的氣氛之中。

他們來晤談，找出由憤怒到發脾氣的線索，先生歸納出來的是：

- 遇到需要等待的情境，就會不耐煩，而鬧脾氣，引起衝突。
- 在職場上不如意，不免怨懟，太太指責我的不是，於是發脾氣爭吵。
- 生活中的許多事，只要不符合我的意思，我就會生氣。
- 我會怨天尤人。

太太經過一段時間的交談和反省，也記下自己發脾氣的現象：

- 我期待家裡的氣氛會好些，但總是失望，於是發脾氣。
- 先生的壞脾氣，令我無法忍受，我會聲嘶力竭地大喊大叫來發洩憤怒，結果更糟。
- 我會賭氣、不告而別，造成更僵的氣氛。

我要求他們各自在歸納的項目下，思考回答問題。例如，我問：「在等待太太打理孩子、一起外出郊遊時，你希望的是加快腳步，你該做的是過去協助她，才能快點出發；你的應對方法卻是發脾氣，發脾氣會令事情更順利嗎？」他搖搖頭說：「更糟！」我請他們自己逐項檢討，用上述「理性思考」的步驟，自問自答，越詳細越好。他們用口頭陳述之後，有了很大的省悟。先生說：

「我知道問題在哪裡了。不過，還有一個疑問：就拿求快求好的態度來說，如果面對的事是快不了、也好不了，那該怎麼辦？」我反問他：

「這樣發脾氣有用嗎？」

「當然沒有用。」他肯定的說。

「那就包容它；對於努力也無法挽回的事，只有一笑置之，甚至以自我調侃或嘲笑的方式處理它。」

這時，太太吸了一口氣，挺起她的身子，好像即刻要採取全新的態度，去面對今後的生活一樣。她說：「我明白了，人都會憤怒的。關鍵是面對真實，設法解決，而不是亂發脾氣！」

無論在工作、生活或人際互動上，免不了有挫折和失意的時候，那時你會覺得憤怒。請注意！憤怒是一個警訊，要你面對問題。這時，如果你用敵意、怨天尤人、憎恨的想法去看它，就很容易引起大發脾氣的惡果。如果你能覺察，用理性思考來引導它，將會發現一個全新的視野。請善用憤怒的情緒。

6 練習以簡馭繁

輕便的人生反而令你歡喜，不再疲憊焦慮；你會有更多心情享受自然之美和生命中無盡藏的快樂。生命的大愛，乃至智慧的開展，都從輕便的生活中孕育出來。

生活越簡單，思考越清楚；態度越單純，心情也越是安定。簡單的生活，即是清淨的心靈，禪家所謂清淨心智如世萬金，自有其顛撲不破的道理。美國哲學家梭羅（Henry David Thoreau）說：「我們的生命，都給瑣事浪費掉了，生活要盡量簡單。」

生活在資訊的時代，一天到晚為處理不完的事煩心，為滿足更多慾望焦慮。如果你不懂得過簡單一點的生活，無疑會陷入紛繁和忙亂。然而並不是要過離群索居的生活，更不是要人放下手邊的事不做，而是提醒大家，要懂得以簡馭繁，心力才不致交瘁。

有一次我到南部演講，來接機的朋友在前往公司的途中，和我談到他們的老闆很忙，參加許多社交活動，在不同的團體中現身，是一位熱心的人。因為太忙

：「最近病倒了，但仍然抱病參加許多應酬，真令人感動。」我拜訪這位老闆，他很客氣地接見我。我們交談了一會兒，話題轉到繁忙，乃至感到身心俱疲。他問道：

「你經常鼓吹簡單的生活，我很贊成。不過，現代企業的本質就是複雜，不從複雜中找到理路，就不易得到效益，怎麼可能過簡單的生活呢？」我說：

「我說的簡單，是指淨化自己，而不是逃避工作上的繁複。簡單是指心靈不陷入許多矛盾和衝突。」

「經營和管理本身，就在處理許多矛盾和衝突，作出成熟有效的抉擇，怎麼可能不陷入紛繁的事物之中呢？」

「我指的是心意上的衝突。你可以冷靜的內省一下：剛剛你說還有許多事要辦，為了我要來貴公司，你特地留些時間接待我，這個心路歷程中，可有一些勉強和掙扎？你做了接待我的決定之後，是否帶來更窘迫的行程，而陷於趕辦的緊張狀況？」

「確實如此！你難得來，禮貌怎麼可以疏忽，可是原有的行程也很重要，最後我把兩個行程都放進去了。」

「這就是複雜，它使你增加許多負擔。」

「那該怎麼辦？你是說要作割捨？」

「要相信你的直覺，它是你多年歷練得來的智慧。如果你認為另一個約會重要，那就把接見我的事，交給另一個人處理，顧慮太多就會變得複雜。」

短短的交談引起他的興趣。於是，他請副手代替赴另一個約會，決定留下來聽我演講。他說：「這是一個正確的抉擇，現在我感到從容，安定下心情，期待從你這兒學到一些新的東西。」我很好奇地問他：「你怎麼做出這個抉擇？」他很快回答我說：「直覺。」我們因此會心地大笑起來。

簡單的生活態度，才能引發直覺的創意。生活簡單，作息正常，精力也隨之充沛起來。簡單生活令你專注於生活和工作，效率會大大提高，創意也容易流露出來。無論是生活的創意或工作的創意，都以簡單的生活作基礎，以簡馭繁的效用就從這裡看得出來。歸納心理學的研究，創意的直覺來自以下幾個要件：

- 簡單的生活所孕育的活力。
- 專心工作累積的經驗和知識。

● 透過清醒與淨化，閃現對事物的直覺。
● 檢驗直覺，發展成決策和計畫。

簡單的生活，帶給我們無限的好處。因此，人的慾望不要太多，要避免野心侵蝕聰慧的心靈；人的享受不可過分，要警覺娛樂和過多的口腹之慾會玩物喪志或浪費生命。於是，我對簡單的生活，提出幾個重要的詮釋：

● 學習輕便的生活。
● 練習專注。
● 不心急，不躁進。
● 從淨化中培養活潑的心力。

人生之旅，治裝要懂得輕便，只帶需要的東西就好，切忌讓你的行囊臃腫笨重；一個溫馨的家庭就夠了，千萬不要金屋藏嬌，另闢二房三房，只會帶給你紛擾、衝突和精神上的困窘。簡單的樂趣，只要你知道怎麼欣賞，即使是散散步、短暫的旅行，都能領受到生活的美和悠閒。三兩位知己足以談心，哪需要爭名奪權；夠吃夠穿就已溫飽，貪婪無饜的囤積，徒然增加不安和空虛。

輕便的人生，反而令你歡喜，不再疲憊焦慮；你會有更多心情享受自然之美和生命中無盡藏的快樂。當然，越是輕便，也越能專心工作，做些有意義的事。我相信生命的大愛，乃至智慧的開展，都從輕便的生活中孕育出來。

其次是練習專注。不要被旁生枝節的事，把你的精神分散；切忌讓太多的顧慮造成你心中的矛盾和猶豫不決。凡事要專心致志，如果朝三暮四，總會落得心煩意亂、一事無成。不能專心成就工作的人，往往是心浮氣躁、失去自我價值感的人，其心理健康狀況大抵是不佳的。

日常生活中，專注的人比較清醒，能覺察到較多的喜樂；能學習更多知識，讓心靈生活更為充實。切忌陷溺燈紅酒綠的生活，那會令你迷失、空虛和遲鈍；少看些電視，多讀些好書，更能令你充實。

其三是不心急、躁進。凡事按部就班，一件一件來，就不會心浮氣躁。如果你常常心急如焚，不但會降低工作效率，破壞生活品質，更會導致身心的疾病。因此，你該決意過簡單的生活，耐著性子，一件一件來，心情就會爽朗起來。

其四是淨化自己。在辛勤工作之後，就該把它放下來，讓自己歇息輕鬆。在你憂心的時候，要想一想，那是不是我能解決的問題，既然不是自己能解決的，就該把它放下。不要被野心綁架，防範懼怕和不安腐蝕你的積極心智。

過簡單的生活，才會有悅樂的心境，培養出清醒和縝密的思考。簡單是真實地面對生活，從中獲得豐收；以簡馭繁，讓生活妥貼自在。

陸

彈性的思考

【陸・彈性的思考】

適應e世代的生活，必須具備彈性的思考；所以培養這項能力是第六項精神體操。

彈性思考是相對於僵化、刻板、受制於成見和偏見的想法而說的。思考是一種智能的活動，它要有清楚的覺察力，看出環境的變遷、潮流的演化，乃至問題的癥結等等。彈性表示在面對現實時，能作調整，願意為真實而作確切的思考和審察，並付諸行動。

彈性表示除了垂直的邏輯思考之外，還能作出水平思考。所謂水平思考，是指一個問題得不到解答時，不會僵化地在原地打轉，或者含糊帶過，而是能從不同的角度，去做觀察和求證，找出最好的解決問題之道。

人的精神生活隨著思考的彈性，本來具備活潑、多元和創造的特質，但由於錯誤的經驗、不當的管教和心靈的創傷，會使思考固化或僵化，失去不斷重組知識、有效應變的能力。

我們生活在一個變遷快速的時代，經濟生活的變革，文化與社會結構解組，個人若失去彈性思考，不能作必要的調整，就可能被大趨勢淘汰。當然，個人的心理生活如果失去彈性，又怎麼能愉快地迎接新的社會和時局呢？

現代人若用農業社會的價值觀看子女的教育，自會產生許多誤差；用十年前理財的方法，去處理現在的家庭經濟，當然也有差距。就社會適應和心理調適而言，如果失去彈性思考，也會令人天天不快，挫折感增加。

彈性思考是心智上不斷重新調整、尋找平衡、促發解決層出不窮的挑戰所必要的能力。就生活面而言，它是聰明才智的表現，就生命意義和價值的領悟而言，它就是智慧。

你很有本事解決問題、創造名利財富，這是聰明；對於生活是否享受到真正的悅樂，那就看你的智慧了。不過，這兩者都奠基於彈性思考。彈性越好，精神生活就越充實快樂。

彈性就是空，是思考的可能性，是領悟一切的原型。在《唯識論》中，把它稱做般若或智慧。它的內涵有三：

般若有三種，

生空無分別慧，法空無分別慧，俱空無分別慧。

生空無分別慧是指對於現象，不起執著，知道它會不斷變化，從而掌握更多了解，科學的智慧是從這裡來的。法空無分別是指一切法平等，從而不陷入高下相傾左右相形的掙扎，能如此生活就有了安定和自在。俱空無分別是指不生不滅、不一不異、不來不去、不常不斷的本體世界，對於這個本體世界的把握和領悟，其實也是透過彈性思考才能領會，因為它不是刻板和具象化的世界。

這三種智慧，有對現象世界的彈性思考，它得到了真；有生活態度的彈性思考，它得到了平等和價值；有對本體世界的彈性思考，它領悟到無相的一真法界。這一真法界的領悟，給人帶來無盡的希望、歸宿和歡喜，這就是佛教信仰中，最高參透的部分。

然而，畢竟我們生活在紛擾的現實世界。彈性思考這種非僵化、非刻板的穎悟，能帶給我們正確、平安、歡喜和知足的生活態度。誠如佛陀所說，在面對無常的現象界，你要清醒的覺察，看出它的原委，無論在自然科學、生活調適和生命意義上，都得使用這種覺的智慧。

為了面對現實生活，保持清醒的彈性思考，以建立幸福的人生，並從而仰望著本體永生的世界，我們還是要老實地生活，從生活中修持，才是最踏實的基礎。在這一篇裡，我提出幾個重點，做為精神體操的功課：

- 盡情領受人生，迎接生活中的點點滴滴、事事物物，領受個中的驚奇、感情和趣味。
- 交談能豐富生活，不但是幸福家庭的基礎，也是工作與事業成功的根本要素。
- 做個受人愛戴的人，當然要有能力，肯負責任，最重要的是不自大、心情好、能給別人舒服的感受。
- 收放自如的風度，透過彈性思考，對生活產生勝任愉快的喜樂。

● 珍愛你的生命，在有生之年，無論貧富順逆，都要能領受生活的妙趣，珍惜自己的生命。

首先要盡情領受人生。我們常犯的錯誤是追求完美，擴大佔有欲。這兩種心態，令我們愛挑剔、不知足，以致不能打開心胸，悠閒地欣賞周邊的事物和樂趣。人注定要用手上的資財，去過自己的生活。如果你不能從自己所有的資財中領受樂趣，人生就變得黑暗了。我觀察了許多不快樂者的生活態度，他們總是把眼光放在自己所沒有的，而對自己眼前所有的事物不屑一顧；他們失去生活的快樂，也陷自己於空虛和失望。最現成的方法是，你要與家人同樂，與同事友愛，在生活中切實體會「耳聞之而成聲，目遇之而成色」的美妙。這世界多美好，連風聲雨聲都好，樹蔭下的涼爽，藍天上的白雲，友情和互助的溫暖，真是取之不盡用之不竭。

其次是透過交談可以帶來溫馨和樂趣，幽默和詼諧中蘊藏無限喜樂。好的交談使心智受到啟發，事業經營順利，閒情逸致得到伸展。交談這種妙事，令你談笑風生，何不好好運用它來豐富生命呢？

其三做一個受愛戴的人，能得到友誼支持，從結緣和互助中，建立良好的人際互動。受愛戴最重要的特質是：心情好、情緒穩定、樂觀風趣；待人接物，能給別人舒適之感；不高傲自大，能給別人信心和愉快。針對這個主題，提供了具體的建議，相信讀者可以受用。

其四是學習收放自如。我們來人世間走一趟，不是為了佔有什麼，畢竟我們什麼也帶不走。人生的重點，倒是要反問自己，在有生之年，我們做了什麼令自己滿意或有價值的事。然而，要回答這個問題，就必須自己有彈性，懂得收放自如，否則夾在僵化的生活中，能創造出什麼意義與價值呢？

最後，我們得珍惜生命，只有它的存在，才能揮灑並從中得到喜樂，才能創造愛、光彩和價值。我們深信，生命的意義和生活的實現，只有靠彈性思考才可能達成。這項精神體操，是六個精神體操中最重要、也是難度較高的一個。

1 盡情領受人生

不快樂的心情，是由於拒絕現實生活的資糧，把眼光移注到自己沒有的部分，產生空虛和絕望的情緒。真正要做的事是：努力工作、參與和學習新的能力。

人活著有許多樂趣，敞開心胸，想著自己是快樂的，不需多久，就會快樂起來。這時放眼看看周邊的景物，也會領受到它的美。我們能否領受生活，端賴自己主觀的態度。若能心胸開朗，大自然的寶藏盡收眼底，而有取之不盡、用之不竭之感；如果心胸封閉褊狹，連自己所擁有的東西，也不覺得歡喜。

有些人懂得盡情領受人生，迎接生活中的事事物物，享受個中的驚奇、感情和趣味。他們對事物的驚奇，有著雀躍的發現，而陶醉其中。他們能發現個中的美，領受動感的樂章，融入與大自然會心的想像。如此，你對人不再冷淡，而代之以分享和關愛；對於事物不再品頭論足、挑剔缺點，而以領受和感恩來看待。

我們常犯的錯誤是追求完美，凡事要盡心盡力把它做到最好。事實上，世上鮮少十全十美的事，你為什麼要如此苛求呢？苛求完美，就等於斷送領受人生的藝術。在做事時，努力做好它是對的；在做完之後，要有不完美的寬容，心裡才會有滿足和成就感，否則你的努力，會被挫敗的消極情緒污染。

人注定要用自己所有的資材生活，如果你對它不滿意，不能從中領受樂趣，就會失去快樂。多年來我觀察發現，不快樂的心情，都是由於拒絕現實生活的資糧，把眼光移注到自己沒有的部分，產生空虛和絕望的情緒。一位憂鬱的中年婦女經過一段時間的諮商和重新學習之後，終於擺脫憂鬱的陰影。我問她：

「現在你開心多了，你可留意到有什麼改變嗎？」

「我以前一直在挑剔自己，現在我領受現實的恩賜。」

「怎麼會有這種變化？是理解來的或者體驗來的？」

「我努力在現實世界中發現它的價值，並以現實的材料來創造有趣的生活。我在教學工作中，與孩子分享科學研究和觀察的樂趣；在假期中安排登山旅行，從中體驗到充實和歡喜。現在我已學會盡情享受生活。」

有些人懷著放棄領受生活樂趣的傾向。他忘掉在日常生活事物中，可以用開心的態度面對，可以從中找到歡喜。他們真正的問題是自尊不健康——一顆不快樂的心，不斷播放不快樂的曲子，即使生活在富裕之中，也難脫離抑鬱的心境。

健康的自尊是什麼呢？它的主要因素是：

- 要有好的信心，能對自己的生活負起責任。
- 積極主動的學習，在生活與工作中表現自己的能力。
- 抱持樂觀的態度，不會把一時的挫敗看成永久的挫敗，不會把部分的缺陷當作全部的失落。
- 肯定性高，能有效表達自己的意見。
- 能維護自己應有的權益。

自尊健康的人，信心較好，能堅持原則，把事情做完。信心是從成功生活經驗中漸漸凝聚而成的自我觀念，因此，對於信心不足的人，建議他多參加活動、多看多學；只要勉強自己努力參與或學習幾樣新的能力，信心就會建立起來。許多缺乏信心的人，枯等著信心的到來，這樣永遠不會有解答。他們真正要做的事是：努力去工作、參與和學習新的能力。

信心和積極主動的學習是分不開的，那些活到老學到老的人，信心比較好，自尊也健康，其生活內容豐富，享受到的樂趣也多。信心表示願意接觸新的或困難的事物，其累積的經驗和能力多，就有更大的胸襟和視野去懷抱生活世界。

信心也代表著信賴別人，透過提攜或幫助別人，會使自己感到富足。當你協助別人實現抱負時，也同時增進與他人生活的信賴關係，而享受友誼的自在感。友誼和信賴是人世中很珍貴的感情生活，有了它，生命能倍增活力。

樂觀是化失望為力量的動力。樂觀的人用積極面去看生活，所以是絢爛光彩的；樂觀的人用努力換取成就，用辛勤去克服頹勢。他們從失敗中站起來，領受生命的意義，體會到苦是生命的本質，而不再畏懼它。當我們在克服苦難時，就有著無限的歡喜。我們該留意心理學上的課題——從苦難中求解脫，也是一種歡喜。有一次，一位中年人問我：

「什麼是苦聖諦？」

「我們在苦痛中，只要有稍微減緩，就該感恩；只稍在痛苦中領受到它的教誨，學會更多同情心和愛，就要感恩。別小看痛苦，它是讓我們領受生命之美的基點，你沒受過苦，就不能充分領受樂是什麼。」

「苦究竟還有什麼價值？」

「它讓我們認識樂觀。」

「這怎麼說呢？」

「佛陀和基督都作證過：受苦的人有福了。只有肯受苦的人，他的自尊才會健康，才會從苦難之中，看到通往光明人生之路。」

「我還是不懂！」

「肯承擔痛苦，痛苦就會漸漸消失。悲觀的情緒，也跟著化為樂觀。在心理諮商上，是透過恢復受苦的能力，而使人恢復健康和歡喜的生活能力。」

最後，肯定性和維護自己的權益，是領受生活幸福的另一鑰匙。我發現越是不能維護自己權益、不敢提出主張的人，越顯得抑鬱和消極。他們既領受不到喜樂，又缺乏自我價值感，空虛、無助和焦慮感會隨之而來。於是，學習勇敢地表示意見，努力維持自己應有的權益，成為領受生活的必要行動。放棄維護自己意見的人，當然也就沒有維護別人的能力。

領受幸福的人生，需具備開朗的心胸和健康的自尊；它不是消極等待得來的，而是努力培養才能享有的。

2 交談能豐富生活

交談是生活的一環，透過良好的交談，可使人際距離拉近，彼此親切起來。交談中的恭維，是保持互相信任、維持說話管道的關鍵。

交談是待人接物的工具：話說得好，聽起來深得人心；話不投機，彼此就有了隔閡，甚至造成衝突和敵對。交談也是友誼的憑藉，嫻熟交談的藝術，往往成為知交，建立深厚的友誼。善於交談者，不但在生活和工作上事事順遂，他們的心境也自在和喜悅。

好的交談可以促成一筆生意。我年輕時學做生意，發現別人銷售得比我快，價碼也比我好。所以，我就留心他們做生意的訣竅，發現關鍵就在交談上。他們在交談中表現友誼，關心對方的需要，獲得對方的信任，而促成其購買行為。後來，我大學畢業，第一個工作就是公共關係，為了幹得出色，特地向朋友借了幾本書來看。不過，我實際經驗的結果，仍然離不開微笑與交談。希爾頓飯店的締造者康瑞德・希爾頓（Conrad Hilton）曾說：「我的旅館若只有一流的設備，而沒有笑容和好的談吐，等於沒有溫暖和陽光。」沒錯！交談絕對重要。

好的交談能帶來許多友誼，結下很多人際關係的機緣。它簡直是無盡的財富，帶給你殊多發展的機會和人際的溫暖。尤其是家庭生活，若能善用交談，不但能交換生活經驗，增進情誼，還能促成心智的啟發。我很喜歡和家人閒聊，一杯茶、一碗梅子湯，交談起來可就滿室春風。我在書房裡擺了兩張椅子、一副茶具，遇有時間，秀真會和我聊起來，長大成人的兒子也會來湊趣聊聊。家庭交談帶給我許多滿足和喜樂，它真是無價之寶。

一位朋友曾經好奇地問我：「你們家裡怎麼有那麼多聊不完的話？」我說：「所謂閒聊就是天南地北，沒有限定範圍，所以無窮無盡，收放自如。」

「那該怎麼進行呢？」

「悠閒、興趣和包容是家庭交談的要件。性子急、工作狂和強烈的功利主義者，通常缺乏悠閒的心情。他們沒心情進行這種交談，也沒興致這樣閒聊。」

「什麼是包容呢？」

「家庭生活中，大部分的事無須太認真；意見容或有所不同，也無須急於指正；只要各說各的，彼此傾聽，家庭交談就能進行得和諧順利。」

「怎麼可能不給子女指正呢？」

「閒聊就是閒聊，它的關鍵在於交互傾訴和聆聽，互相支持說下去。每一個人在交談中，自然會整理、反省和回饋，無須用到指正和責備。只要你用指責的方法，閒聊就會被抑制而終止。許多家庭幾乎沒有閒聊，造成溝通的困難。」

「如果有要事交換意見，該怎麼辦？」

「家庭生活中要事應該不多，絕大部分都可以在笑談、幽默和閒聊中解決。真有要事，你可以透過討論形成共識。不過，要先認清，平常缺乏閒聊交談的家庭成員，大部分都缺乏討論事情的技巧和習慣。」

交談是生活的一環，透過良好的交談，可使人際距離拉近，彼此親切起來。它的重點包括：

- 閒聊的交談，沒有所謂對錯；要包容對方，每個人都可以各抒己見而不互相批評。
- 運用恭維；這能讓對方的自尊受到鼓勵，願意與你交談，並取得信任。
- 多問少說，提問也要盡量問對方能說的問題；由對方說話，無異給予伸展自尊的機會。

● 交談時注意對事不對人，說自己的感受，不抨擊對方；反駁對方時，以委婉的詢問方式來表達為宜。

交談中的恭維，是保持互相信任、維持說話管道的關鍵。不過，恭維不可以肉麻，要避免灌迷湯。當我們看到對方值得欣賞之處，而以平實的口氣，表示真心的肯定和讚美時，你的朋友會得到一股溫暖的精神能量，甚至獲致深度的自我肯定，而永誌難忘，成為你的知交。文學家馬克・吐溫（Mark Twain）說：「我聽到一句受用的恭維，可高興兩個月之久。」在交談中加上讚美和欣賞，對彼此都有好處。

交談之中，你免不了要拒絕對方的要求。這時，要先恭維對方，比如說：「承蒙邀請參加貴基金會，我很榮幸，並對貴會十分欽敬；可惜我工作實在太忙，無法分身，你的美意只能心領。」當你對別人的建議不表贊同時，也要先表示恭維，比如說：「你的提議很好，不過目前還不宜採用。」

有時，你不願意答應別人要求時，也要注意談話技巧，你可以說：「讓我考慮一下！」稍有個緩衝時間，然後再告訴對方：「現在我辦不到。」如果不容許緩衝時間，就直接告訴他：「對不起，我現在辦不到。」有禮貌的婉拒，不但能給人自尊，同時也給自己良好的下台階。

與人交談免不了發生爭論，切忌激怒致彼此互相指責。我們該做的事是把事情說明白，把是非理清楚，而不是批評、貶抑和辱罵。你可以表明你不高興的感受，但不能抨擊侮辱對方。

交談是一種藝術，每天都會用得著它。用得好，會春風得意；用不好，則處處吃癟。人的機緣和命運受交談能力影響殊多，不可不慎。

3 做個受人愛戴的人

成功的人除了負責、堅毅、講求實際之外，他還需要有受人喜愛的特質，如果他性情好，又肯動腦筋、負責任，你當然願意和他交往。

在職場中表現傑出的人，通常都不是工作狂，而是肯負責任、受人愛戴、意志堅強的人。他們的情緒穩定，性情好，而且懂得關心別人；他們具備受人愛戴的性格特質。你想在事業上有一番作為，希望人生有所成就，那麼培養一種受愛戴的特質是絕對必要的。

受人愛戴並非討好別人，乞討別人的垂青或掌聲，更非炫耀自己，而是一種積極的影響力。它無影無形，卻能綻放著博得別人好感和信任的力量；我相信無論在企業體系或政府行政部門，最好的管理精英都屬於這種類型的人。

想做一位職場上的佼佼者，專業能力當然很重要，這是講求專業的e世代必然的工作文化。因此，把自己的專業弄通，是自不待言的事。不過，如果你只有專業，而缺乏受人愛戴的特質，就會成為孤立或剛愎，無法在組織體系下與人合作，或者欠缺結合眾人的天賦和專長，以致不能完成工作目標。

受愛戴在家庭生活中同樣重要。培養受人喜歡的氣質，能讓家庭成員融洽，彼此溝通容易、互相啟發。這是家庭功能的表現，也是幸福感的來源。我在家庭諮商中，發現婚姻破裂和親子衝突的首要線索，就是彼此認為對方缺乏受人喜愛的特質。然而，真正造成家庭破裂和困境的原因是：彼此都不願意做一個受人喜歡的人。

受到愛戴或喜歡，影響個人的人際和人緣尤深。無論是學校的學生或社會人士，人際關係的衝突、敵視和挫敗，一直是心理困擾的主要原因。人緣孤立，誤解也多；覺得不受喜歡或愛戴，挫折和沮喪也越強。這時，空有專業也無從發揮，空有現成的家庭，家人彼此卻陷入緊張和嫌惡的氣氛之中。

怎樣才能使自己受人愛戴或喜歡呢？據我的研究觀察，越想討好別人的人，反而得不到別人喜歡；努力博得好感的行為，看在別人的眼裡變得虛假。當然，巧言令色的逢迎也會令人作嘔。心理學家羅傑・艾里斯（Rogers Ailes）指出，成功的人除了負責、堅毅、講求實際之外，他還需要有受人喜愛的特質，其中最重要者為：

- 心情好，情緒穩定，比較樂觀。
- 待人接物，能使人感到舒服，又能關心別人。
- 不傲慢自大，誇耀自己。
- 有溝通能力和激勵同僚的能力。

不管你自己是樂觀或悲觀的人，大部分的人都喜歡結交樂觀的人，因為樂觀的人能在挫敗中看出希望，有信心努力挽回頹勢。他們敢向別人求助，對於不如意的事，有接受挑戰的行動計畫。有鍥而不捨的堅毅精神及樂觀的人不會抱怨，不自怨自艾，不詛咒自己「真倒楣！」你不妨想想，如果同事不斷向你訴苦，你一定感到厭煩，想離他遠一點。如果他性情好，又肯動腦筋、負責任，你當然願意和他交往。

其次，受到愛戴或喜歡的人，他們與人相處，能使人感到舒服，受到尊重。他們能克制一時的情緒衝動，關心你，了解你的感受，不刁難，不咄咄逼人。他們會持平，面對真實，步步為營，帶著你或者與你合作把事情做好。如果你遭遇挫敗時，有這麼一個同事或主管，你會覺得他對你恩情很重，你也會願意與他共事。那麼，現在你該了解，這項性格特質，不但是成功人生所必要，同時也是你步步高陞的重要因素。

我從事行政工作多年，從基層到中央部會，觀察過許多主管和部屬之間的互動，發現部屬最多的牢騷是主管的傲慢自大。傲慢、自大和自誇功勞，會使同事或部屬離心離德。自我中心越強，越會自誇和傲慢，這種特質不等同於自信心，反倒是一種自卑感作祟的防衛機制。無論你才華有多好，只要有了這種毛病，就會聽不到真正的聲音，抑遏同僚的創意，陷於剛愎自用的危機中。

越是自大自傲的人，同時也是不虛心學習的人。生活在變遷快速、知識半衰期越來越縮短的時代，如果還抱持著自大自傲，就會失去主動學習的態度。尤其是從現實工作與生活中，直接領會和創造的能力，將大大的削減。自大與傲慢的人，容易刁難苛刻，做一位主管如不學習這項做人的道理，將會得罪更多人，而一輩子吃虧。

最後是溝通與激勵。溝通能力好就受人喜愛，以同理心去激勵同僚，必能從群策群力中，看到績效和豐收。溝通不是說服，而是互相同理和啟發，形成一種共識和行動力量。艾里斯說：「管理人員到了中級主管之後，晉升的機會取決於他與上司間的溝通能力，以及對下屬的激勵能力。」

受到喜愛或愛戴，不是從搖尾乞憐，或犧牲原則討好別人得來的，而是培養一種性格特質，包括樂觀、關心別人、不自大自誇、良好的溝通和激勵別人的能力。這是你人生和事業的緣，越能結善緣，越能在生活與職場中，成為一位佼佼者。

4 學習收放自如的態度

只會工作、不會享受生活的人焦慮而不快樂；太多的浪漫和放縱，怕苦而不肯去工作，則變得空虛和無聊。這兩者都因收放不能自如，從而抑制了生命的活力。

人越能保持彈性，生活效能也就越佳；彈性表示調適容易、收放自如。該緊盯的時候，他們能專注努力、把握機會，緊緊抓住而不放手；該放鬆的時刻，他們懂得放手，保持恬淡，讓自己閒適下來。前者表現了精進、勤奮和敬業，後者流露著寬柔、幽默和自在。收放自如，與其說是一種生活態度，不如說是一種幸福過生活的能力。

緊緊抓住會變得太嚴肅，失去生活的享受和美感。性情急躁、做個不停的工作狂，驅迫著自己不停的追逐，這樣的人忽略生活要有歡喜，即使擁有許多財富，生命還是如此蒼白、僵化和苦澀。在有關瀕死經驗（near death experience）的研究中，有一項結論值得大家反省。在這些曾經有過死亡經驗者的回憶裡，大多會提到他們來到另一個空間，接近絢爛的生命之光，並與它有了心念上的溝通。

這個光體在幫助他回憶一生，並詢問其一生值得嗎？過得有意義嗎？他們心念溝通的內涵極為迅速，而且重點圍繞在愛與智慧這兩個課題上。

這些研究報告漸漸透露生命現象中值得省思的課題。我們來人世走一趟，不是為了佔有或擁有什麼，因為我們終究帶不走它。但我們在有生之年，又不得不努力維持生活的資具，創造一些不負此生的價值和表現。於是，我們該問的是，生命存續之中，我們做什麼才有價值。我想，那就是要用愛和智慧，去創造歡喜和有價值的生活。當然，這樣的生命之旅，必須是收放自如的人生，否則難以辦到。

人在收放自如之中才有愛。父母為了教育子女，希望他們有良好的未來，必須付出許多心血，幫助孩子發展心智，克服學習過程中的困難，必須緊緊地抓住他、關心他。但也要有放的時候，才有歡笑、浪漫和生活的興致。父母當然希望把孩子教好，使他成為一個負責任、有能力、能實現其生涯的人，這要把握機會，不能鬆懈；但另一方面，不能把孩子的人生當做自己的畫布，去實現隱藏的野心，而是鼓勵他，在嘗試中發現自己的興趣，走出自己的人生路，這要能放，要給他機會去施展所長。這是教育的愛，也是教育的智慧。

我們的生活和心情，也要能收能放才行。你該努力工作時，當然要全神貫注，有目標，有時程，把握其進度，完成該完成的事。不過，你要留給自己時間，放鬆心情，給自己悠閒，享受生活之中的樂趣。這社會只會工作、不會享受生活的人太多，所以焦慮而不快樂；反之，新一代的人卻有太多的浪漫和放縱，他們怕苦而不肯去工作，所以變得空虛和無聊。這兩者都因收放不能自如，從而抑制了生命的活力，我相信這是憂鬱症病患越來越多的主因。

人因為太在意自己，所以不能放鬆，而把自己綁得緊緊的，憂鬱沮喪就容易發生。太重視功利和成長率，在追求成長之中，忘掉了生活才是目的；把眼光落在與別人一較長短上，完全忽略了生活的喜樂和經營。我們的文化如此，風氣就是這樣，所以被綑得緊緊的。請給自己一點生活的樂趣，只要你放下心來，就可以找到它。

一位朋友多年來一直埋首於自己的工作，他嚴肅、認真、有幹勁、有魄力。在他事業達到相當成就時，忽然心臟病發作，躺在醫院裡治療。他被迫休息，放鬆自己，把一切塵事暫時放下，就在這時候，病床上的他看見從窗外灑落一地的陽光。由於他是在悠閒的狀態，倍覺它的美和璀璨。他欣賞著，默默地享受它的亮麗和溫暖。

他把目光移向窗外更遠處，發現外面的世界視線所及的山巒起伏，絢爛得令他感動。他過去從來沒有機會享受到山是如此的綠，雲是何等的悠閒，卻在醫院裡享受到了。出院後他改變了生活的態度，知道如何收如何放，何時握緊何時放鬆。後來他說：

「我的一場病像是天使，祂來告訴我怎麼生活才正確。」

「怎麼才正確呢？」我問。

「你說的沒錯，要收放自如才行。不過，在這次經驗中，我還發現一個新的奧秘，生命的奧秘。」他自信的說。

「什麼奧秘，可以分享嗎？」

「一個人來到這世界時，手是握緊的；但要離開時，手是張開的。工作時，手也是握緊的，但千萬別忘了，在休息時要把手鬆開。我們帶不走什麼，而是我們怎麼生活，怎麼實現這有限的生命。」

有些人天賦異稟，他們在生活中收放得宜，進退自如，作息安泰，這樣的人畢竟不多。有些人則是因一場疾病，一次死裡逃生的意外，領會到收放自如的智慧與生命的愛。但最值得發人深省的是，那些毫無警覺、陷入生活的困境、還要怨天尤人的人。

人的心情在收放之間，保持平衡穩定；思考在收放之間，維持清醒正確；人的工作在收放之中，維持最大效益；生命則在收放之中，表現出彈性與活潑。我深信這是一種對生命的愛與智慧，透過它，我們能回答生命之光的詢問：「你的一生活得快樂嗎？有什麼價值呢？」現在，我知道答案在哪裡了。

5 珍愛你的生命

我們要選擇熱愛生活，把愛生活當做生命的目的，不可以把生命視為遂行野心的手段，生命是主動的實現，而非被動的造作。

每個人都擁抱著生命；只要活著，就可以欣賞、聆聽、行動和思維，這是多麼有趣的事。我認為人活著就是一大恩賜。生命的本身，不斷蹦躍出美妙感人的事，只要你去覺察，帶著珍惜的態度去過日子，就能品嚐無窮的滋味和歡躍。只要你安靜下來去欣賞長在蜿蜒小徑上的小花，迎著微風、頂著陽光，它正對著你招手，似乎在朗誦讚美生命的詩篇。你只稍留意，就會發現起伏的山巒、壯闊的大海、藍天白雲、鳶飛魚躍，這些都呈現在眼前，它只有在有生命時才領受得到。你何不在有生之年，盡情享受俯拾可得的豐收。

你我都不可能長存於世間，生命是有時而終的。你看看自己的身體，活動自如、美妙無比。容或有稍許缺陷，你仍能享有這世界；「耳聞之而成聲，目遇之而成色」，生命的豐收都是現成的，怎麼可以說人生乏味，抱怨自己的人生呢？

請珍惜人生，因為今天不會再來，明天不會再有。

絕大部分的人，從小就被教以功利，生活之中充滿著追逐和佔有的野心。於是，隨著生命而來的美和豐收，漸漸被疏忽；視野只限於物慾，生活也就變得枯燥了。於是，陽台上一朵盛開的花，不能引發你的感動；孩子稚情的詢問，你覺得心煩；周邊的無盡變化之美，則完全被忽視。這樣的生活態度無異是違背生命的律則。人的病就在這種違逆之中產生，生命也就失去光彩。

我們不免有病痛，不免有挫敗，但你必須認清，它只是生命這篇大塊文章中稍許的顛簸，或些微的創痛。其實，你還擁有許多。又何況大部分的病痛、創傷和挫折，都是一種訊息，它在提醒你健康人生之道。更值得注意的是，這些失意和痛苦的事件，往往是豐富你生命的資糧，甚至是豐收的回憶。

大部分的人不知道自己擁有什麼，直到失去它時，才有所知曉，屆時方覺為時已晚，而抱憾懊悔。然而，他擁有的仍是很多，只是他一直沒有發現生命的豐富性。這是我在心理諮商中，常看到愚癡無明的生活態度，原因是他們不能看出自己手中，還擁有許多生活資糧。我見過一位行動不便的小姐，她指著遭受小兒麻痹症肆虐過的雙腿，笑著說：「你別小看它，套上鐵鞋還是能撐著我，到世界各地作業務交涉，抽空去旅行。」她更打趣的說：「你相信嗎？正因為它有些不方便，我更珍惜它，用在最有價值的事情上。這雙腿的功能，我認為夠了，因為我不需要當五腳狗整天串門子亂跑！」

在生命世界裡，最忌諱的是消極思想。如果你想著：要擁有足夠的財富才會知足，那麼窮困饑渴的心情就襲上心頭，因為慾望填不滿。如果你想著：要出人頭地才會快樂，那就永遠與快樂絕緣，因為快樂的根源不在這兒。如果你老是憂慮、自卑和無奈，那就等於踐踏生命的花朵，而說花兒不美。我們該認識的是，真正的快樂和幸福，乃因為自己熱愛生活。

我從許多心理諮商的個案中，領會到真正令人苦惱的原因：他們抓著一個錯誤的想法不放。憂鬱的人是因為達不到自己鎖定的願望，才變得絕望和沮喪；焦慮攻心的人，他們汲汲於追求，身體飽受折磨；身心失調的人，則是在出人頭地的觀念下，忍受煎熬的痛苦。他們執著於一個褊狹的價值標的，以偏蓋全，整個人生的視野，只鎖住那個狹隘的慾望或價值。於是，覺得生活無趣、慾望受阻、發揮的空間受限制，當然也感受不到對生命的熱愛和喜悅。

我們該捫心自問，要創造快樂的人生真的需要那麼多資材嗎？那些被認為是快樂要件的名利和地位，真是快樂的必要條件嗎？很弔詭的是，這些慾望往往是封閉我們的心靈、讓我們失去開朗和寬心的介面。它使我們偏離了人生的軌道，失去心靈的平靜，阻隔通往喜樂的道路。

我們要選擇熱愛生活，把愛生活當做生命的目的，不可以把生命視為遂行野心的手段。然而，這並不是要你放棄勤奮的工作，無視於經濟生活的開拓，而是善意的提醒你，要熱愛生活。比如說喜歡有人際往來，就會有溫馨和喜樂；有運動和正常的作息，就能享有充沛的體力；有生活的興致和興趣，就有快樂和滿足感。這些都建立在熱愛生活上。

生命是主動的實現，而非被動的造作。所謂主動是指不需要什麼條件。如果你需要別人的讚美和羨慕，才會覺得開心或有價值，那麼生活就變成被動或依賴。人一旦依賴著別人的讚美才快樂時，就等於把快樂的決定權交給別人。這時，生命的自發性喜悅也就消失了。我曾就快樂的人與不快樂的人作對照觀察，發現喜樂的人有以下幾個特質：

● 他們接受自己的生活，沒有挑剔，能在現成之中俯拾其樂趣。這種能力不因為學識和社會階層而有差別。

- 越想抓住某些快樂的憑藉，越容易失去自在感和樂趣。所以快樂是自發創造的結果，而非囤積和佔有所引發。
- 他們的生活較富彈性，對於環境的變化，能很快適應，並看出它的優點和新希望。
- 他們讚美生活，覺得明天會比今天更好，而且喜歡自己。

凡是珍愛人生的人，都是生命的創造者。他們像是藝術家，用生活中現成的素材繪出璀璨的畫頁。他們懂得享受生活，同時也與別人分享個中的喜悅。